Ich mach jetzt Mathe oder Deutsch

Warum Eltern eine Montessori-Schule gründeten und bis heute zufrieden damit sind

Mit Fotografien von Ute Schmidt/bildfolio
und Texten von Nina Villwock (Geschichte) und Friederike Bauer (Portraits)

„Es war eine Vision ..."

Nina Villwock

Inhaltsangabe

Vorwort

Eine Schule in Privatinitiative auf die Beine zu stellen, ist eine große Herausforderung. Es gibt überall genügend staatliche Schulen, warum selbst eine eröffnen? Diese Frage bewegte mich damals, vor zehn Jahren, als die Freie Montessori-Schule Main-Kinzig gegründet wurde. Ich dachte: Wer wird denn sein Kind auf eine Schule schicken, die keinerlei Erfahrung vorzuweisen hat? Am Ende versinkt alles im Chaos und das eigene Kind steckt mitten drin! Oder ist sie doch ein Vorbild für die staatlichen Schulen? Und zeigt einen anderen pädagogischen Weg?

Keine der Gründerinnen wusste damals, was passieren würde. Erstaunlich, was sie gewagt haben. Beim ersten Tag der offenen Tür rannten Eltern die Schultüren ein. Sie suchten nach Alternativen zu den staatlichen Schulen. Mit solch einem Ansturm hatte ich nicht gerechnet. Ich blieb dran mit meiner Fotoreportage. Ich wollte herausfinden, was sich da entwickelt.

Zehn Jahre habe ich die Freie Montessori-Schule Main-Kinzig gGmbH nun als Fotojournalistin begleitet, Höhen und Tiefen beobachtet, gesehen, wie sich nicht nur eine Schule, sondern auch eine neue Lebensaufgabe für die Beteiligten entwickelte.

Ich hätte meinen ältesten Sohn dort einschulen können. Ich habe es nicht getan. Ich wollte nicht Monat für Monat Schulbeiträge zahlen. Und ich wollte, dass mein Sohn alleine zur Schule laufen und seine Klassenkameraden um die Ecke nachmittags besuchen kann. Selbstständigkeit war für mich das Schlagwort. Obwohl ein Montessori-Kind vor allem zur Selbstständigkeit angeleitet wird, hatte ich einen völlig anderen Blick darauf.

Die Beteiligten an der Montessori-Schule lernten mich mit der Zeit kennen. Ich besuchte die Einrichtung über die Jahre immer wieder ganz spontan. Ich wollte so viel Verschiedenes wie möglich beobachten, aber auch nach Bewährtem und Entwicklungen schauen. Ich wollte jedoch nicht, dass sich irgendjemand durch mich und meine

Kamera ablenken ließ. Ich vermied knallige Kleidung und klackernde Schuhe. Ich konnte so mit meiner Kamera direkt vor der Nase aller Kinder und Erwachsenen herumtanzen oder während der Klassenfotos hinter der Schulfotografin stehen – niemand schaute in meine Linse. Sie bemerkten mich einfach nicht. Weder der Unterricht noch meine journalistische Arbeit wurden gestört. Es entstand ein perfektes Zusammenspiel.

Bei jedem Besuch war ich erstaunt, was schon wieder alles passiert war. Und wenn ich meine Fotos aus den Jahren 2005 bis 2015 anschaue, wird mir auch bewusst, wie sich die Dinge ändern, wie sich unsere Kinder verändern. Wie wichtig es ist, eine Basis zu schaffen, auf der wir unsere eigenen Wünsche erfüllen können. Wie wichtig es ist, engagiert zu sein.

Ich habe Nina Villwock (eine der Mitgründerinnen) gebeten, ihre ganz persönliche Geschichte für mein Buch zu schreiben und zu erzählen, warum sie sich zu solch einem Schritt entschlossen hatte, was ihre Beweggründe waren, etwas Grundlegendes ganz anders machen zu wollen. Und was auf dem Weg seither geschah.

Um eine neutrale Sicht der Dinge zu wahren, bat ich auch die Autorin Friederike Bauer, Schülerinnen, Schüler, Lernbegleiterinnen, Lernbegleiter, Eltern und die Gründerinnen zu interviewen, um herauszufinden, was in dieser Schule anders läuft.

Aus der Idee, meine Fotoreportage zu veröffentlichen, ist nun dieses Buch mit drei völlig unterschiedlichen Geschichten entstanden: Die Erzählung über die aufopfernde Arbeit, eine Schule zu gestalten und vor allem zu erhalten. Portraits von Personen, in deren Leben diese Montessori-Einrichtung eine wichtige Rolle spielt. Und meine Fotogeschichte, die das Zusammenspiel, den Alltag dort widerspiegelt. Die zeigt, dass es neben den vielen Schwierigkeiten stets eine Entwicklung gibt.

Ute Schmidt

Prolog

Ich bin eine Biodeutsche, ein Gutmensch. Ich erfreue mich riesig daran, im Paradieschen, dem ortsansässigen Bioladen, einzukaufen und die Bioprodukte zu verzehren. Unseren letzten Familien-Klamotten-Einkauf haben wir in einem Geschäft getätigt, das sich auf fair gehandelte Waren spezialisiert hat. Ich bin für Inklusion, Integration und regenerative Energien. Das aktuelle Flüchtlingsdrama macht mich betroffen und wütend .

Doch ich bin ein Angsthase. Ich gehe nicht offensiv auf die Straße, demonstriere weder digital noch analog. Klar, ich „like" die Beiträge der Kabarettisten und der Aktivisten, denen ich folge, und natürlich „teile" ich auch entsprechende Inhalte. Mit eigenen Posts bin ich jedoch vorsichtig. Und in den 1980er-Jahren bin ich – in Berlin oder in Paris, ich weiß es nicht mehr genau – versehentlich in eine Demo geraten und habe Wasserwerfer abbekommen; seitdem meide ich Demonstrationen. Auch offensive Kundgebung meiner Meinung in der Öffentlichkeit scheue ich. Vor vielen Menschen zu sprechen, ist eine große Herausforderung für mich. Institutionen und Vereine sind nicht „mein Ding": Ich habe einmal den Versuch unternommen, mich bei den Grünen aktiv einzubringen – meine Integration ist kläglich gescheitert.

Ich arbeite also lieber still, heimlich und im Verborgenen. Indirekt und unauffällig. Aber ich arbeite gerne und viel und bin stolz auf das von mir Geschaffene.

Als die Idee aufkam, die Entstehung und Entwicklung unseres Kinderhauses und der Schule aufzuschreiben, habe ich gleich „Hier!" gerufen. Mir war klar: Das will ich machen! Ich habe geplant, mir Gedanken gemacht, einen Workshop besucht, und in Schreibklausur bin ich auch gegangen. Habe schön aus einer vermeintlich objektiven und übergeordneten Erzählperspektive beschrieben, wie wir in den vergangenen neun Jahren die Gründung gemeistert haben: Das war alles kein Problem.

Doch die kritischen Leser der ersten Textproben wollten keine übergeordnete, sondern die Ich-Perspektive. Jetzt sitze ich seit einigen Tagen vor dem oft erwähnten weißen Blatt. Wer will so etwas überhaupt lesen? Wen interessiert meine Perspektive? Innere Kritiker okkupieren meine Gedanken und blockieren meine Handlung. „Hätten sie diese nur weiterhin blockiert" – höre ich den Literaturkritiker Dennis Scheck sagen, während er unser Buch das Rollband hinunterrollen lässt und es krachend in der Tonne landet. Doch Dennis Scheck wird unser Buch glücklicherweise gar nicht anschauen und lesen. Aber wer wird es überhaupt lesen? Wen interessiert die Geschichte einer elterlichen Schulgründung? Was genau will ein potenzieller Leser wissen? Keine Ahnung!

Es gibt aber mindestens eine Leserin, die meine Innensicht lesen möchte – ich meine damit eine meiner kritischen Testleserinnen. Gut, dann orientiere ich mich eben an ihr.

Im folgenden Text stehen also Berichte aus den Aufbaujahren – über Ereignisse, beschrieben aus meiner Sicht und veranschaulicht mit Aspekten meiner Biographie. Meine Geschichte mit der Schule soll jedoch nur exemplarisch für die all der anderen Wegbegleiterinnen und Wegbegleiter stehen, deren Biographie und persönlicher Lebensweg ebenfalls eng mit der Schule verknüpft sind und die in diesem Zusammenhang Höhen und Tiefen durchlebt haben. Das gilt für alle Aufbaulehrer, alle Eltern und alle Kinder gleichermaßen.

Es ist mir wichtig, von Anfang an klarzustellen, dass die Schule durch das Engagement und die Arbeit vieler Menschen aufgebaut ist. Ich bin nur ein kleiner Teil einer Gemeinschaft, die nur zusammen – im Team – funktioniert.
Susen, Manuela, Miriam, Sabine, Gitti, Nicole, Michael, Ulrike, Lukas, Katharina, Uwe, Jens, Lars – das sind nur einige der Menschen, ohne die es Kinderhaus und Schule nicht geben würde.

Ende der Freiheit?

3 Familien, 6 Gläser Wein und 1 sehr besondere Idee

Wir, die Eltern von Janick, Joshua und Clint, lernten uns im Jahr 2004 im Waldkindergarten Gelnhausen kennen. Unsere Söhne waren dort den ganzen Tag draußen, an der frischen Luft. Bei Wind und Wetter gruben und bauten sie mit eigens mitgebrachten Hämmern am Bauhang, spielten Piraten im Baumhaus oder schaukelten auf der Baumschaukel. Am Nikolausfest im Winter oder am stets regenfreien Sommerfest vor den Ferien hatten wir Kindergarteneltern die Gelegenheit, den Wald unserer Kinder ebenfalls zu genießen, uns gegenseitig näher kennenzulernen und miteinander ins Gespräch zu kommen.

An einem dieser schönen Feste stellten wir fest, dass der Waldkindergarten ein toller Ort für unsere drei Jungs ist. *Das gibt es doch gar nicht, dass mit dem Ende des Kindergartens die Zeit der ausgelassenen und freien Kindheit vorbei ist! Warum kann Schule nicht auch ein Ort sein, an dem sich Kinder genauso wohlfühlen wie im Waldkindergarten? Es muss doch möglich sein, eine Schule als Lebensraum zu gestalten, der den kindlichen Bedürfnissen optimal angepasst ist!*

Als die Zeit der Einschulung näher rückte, tauchten diese Gedanken immer häufiger in unseren Gesprächen auf. Wir schauten uns in der regionalen Schullandschaft um und stellten fest, dass es zwar ein vielfältiges und abwechslungsreiches Kindergartenangebot gab, doch weit und breit keine Alternative zu den klassischen Grundschulen. *Wenn es keine Grundschulen außer den traditionellen gibt, dann gründen wir eben eine!* Für uns Mütter – Susen Schorn, Nina Villwock und Dr. Manuela Grohmann – war das die einzig logische Konsequenz, und so machten wir uns gemeinsam auf den Weg.

Von außen betrachtet drängt sich sicher die Frage auf, wie man auf eine solche Idee kommt. Ich habe sie mir ehrlich gesagt nie gestellt. Ich habe einfach gemacht. Es gab für mich keine andere Möglichkeit. Schulen sind – so wie sie nun mal sind – keine guten Orte für Kinder. Das haben schon viele schlaue Menschen in unterschiedlichen Zeitaltern gesagt und deshalb Alternativen zu den bestehenden Erziehungs- und Schulsystemen entworfen. Doch Institutionen, gesellschaftliche Systeme oder Strukturen verändern sich nur langsam – Entwicklung braucht Zeit.

Warum glauben Lehrer heute immer noch, dass junge Menschen nur mit Noten oder einem Belohnungssystem ihr Wissen erweitern werden?

Mir war klar: Wenn ich auf eine Veränderung im Schulsystem warte, wird Joshua schon lange aus dem schulpflichtigen Alter herausgewachsen sein. Dafür war (und bin) ich einfach zu ungeduldig. Meine Motivation war und ist es nach wie vor, für Kinder, Schüler, Lehrer, Eltern und Verwaltung einen guten Ort zu gestalten – für und vor allem gemeinsam mit allen Menschen, die an diesem Ort täglich Zeit verbringen.

Hinter jeder starken Frau steht ein starker Mann

Manuela hatte sich nach der Geburt ihres Sohnes Clint die Elternzeit so gestaltet, dass sie neben ihrer Berufstätigkeit ausreichend Zeit für ihren Sohn hatte. Gemeinsam mit ihrem Mann Walter leitete sie ihre eigene Firma und konnte sich so ihre Arbeitszeit selbst einteilen. Als geübte Firmengründer sahen Manuela und Walter in der mutigen Umsetzung des Projektes Schulgründung keine besonders große Herausforderung.

Susen arbeitete nach der Geburt ihres Sohnes Janick stundenweise als Friseurin bei einem renommierten Friseur in Gelnhausen. Ihre eigene Grundschulzeit war ihr in so negativer Erinnerung, dass sie tatkräftig an der Idee mitarbeiten wollte, eine Alternative zur traditionellen Grundschule aufzubauen. Ihr Sohn sollte seine Freude am Leben, am Lernen und seine Neugierde bewahren können. Als Dienstleisterin war und ist sie in der Region sehr gut vernetzt, wovon die Gründungsinitiative stark profitierte.

Nach meinem Magisterstudium im Fachbereich Neuere Philologien arbeitete ich als Lehrerin für Deutsch als Fremdsprache und unterrichtete als Quereinsteigerin das Fach Deutsch an der Gesamtschule in Wächtersbach und an den Beruflichen Schulen in Gelnhausen.

Als Schülerin hatte ich zwar eine schöne Zeit in der Grundschule, aber die Zeit der 1980er-Jahre am Gymnasium war für mich als Tochter einer Handwerksfamilie demütigend und frustrierend. Es gab noch Lehrer, die Osteuropa als „ehemalige deutsche Ostgebiete zur Zeit unter polnischer Verwaltung" bezeichneten. Lehreraussagen wie „Gemeinschaftskunde ist und bleibt für Sie ein Buch mit sieben Siegeln" demotivierten mich als junge Heranwachsende.

Walter Grohmann, Kai Schorn und Joachim Villwock (unsere Männer) stehen als selbstständiger Unternehmer, Kälte- und Klimatechniker und selbstständiger Musiker erfolgreich mitten im Leben. Auch in ihrer persönlichen Lebensgeschichte hatte die Schulzeit wenig zu diesem Erfolg beigetragen. Sie sind erfolgreich trotz der Schulzeit und nicht wegen dieser. Aus diesem Grund waren sie gerne bereit, an dem Projekt

Schulgründung mitzuarbeiten und ihren Söhnen damit die Chance auf eine andere Schulzeit zu ermöglichen.

Erste Schritte – die Recherche beginnt

Berit Zeber, Gründerin, pädagogische Leiterin und Vorstandsvorsitzende des heimischen Waldkindergartens, blieb unser Plan nicht verborgen. Eines Morgens, als ich Joshua in den Kindergarten brachte, gab sie mir ein Buch über die Offene Schule Waldau in Kassel[1]. Schulen wie diese, aber auch die Bielefelder Laborschule, die HEBO Privatschule, die Helene-Lange-Schule oder die Jenaplanschule überzeugten mich: Eine andere Schule als die traditionell gewohnte ist möglich! Dies motivierte uns drei Gründerinnen, nach weiteren positiven Schulbeispielen zu suchen. Wir besuchten den Tag der offenen Tür der Freie Schule Seligenstadt und fanden dort ein weiteres Vorbild ganz in unserer Nähe.

„Treibhäuser der Zukunft. Wie in Deutschland Schulen gelingen", der Dokumentarfilm des Bildungsjournalisten Reinhard Kahl[2], war unsere wichtigste Entdeckung bei dieser Recherche. Reinhard Kahl zeigt in diesem Film viele mutige und tolle Schulen in Deutschland und wie dort gelernt und gelebt wird. Dieser Film war inspirierend, motivierend und wegweisend für uns. Er demonstrierte anschaulich, dass das, was wir uns vorgenommen hatten, funktioniert: Es gibt Schulen, die tolle Orte für Kinder sind.

In allen Büchern, Filmen oder Fachartikeln begegnete uns immer wieder der Begriff Montessori-Pädagogik. Wir entdeckten, dass im November 2005 das Montessori Forum Hessen, eine große Bildungsmesse zur Montessori-Pädagogik, stattfand. Ich fuhr auf die Messe, hörte die Vorträge, infor-

mierte mich an den Messeständen und rief noch auf der Heimfahrt meine beiden Mitstreiterinnen an: *Das ist es! Das ist die Pädagogik, nach der wir suchen! Lasst uns eine Montessori-Schule gründen!*

Dr. Maria Montessori war die erste Frau Italiens, die einen Doktortitel im Fachbereich Medizin erworben hat[3] und ihre Pädagogik und Philosophie auf der genauen Beobachtung von Kindern aufbaute. Daraus entwickelte sie ein Modell von drei Entwicklungsstufen, die Kinder auf ihrem Weg von der Kindheit über die Jugend bis hin zum Erwachsensein durchlaufen. Sie beobachtete die Bedürfnisse der Kinder in der jeweiligen Entwicklungsstufe sehr genau und entwickelte darauf basierend das Modell einer optimalen Umgebung, die Kinder benötigen, um sich altersangemessen entfalten zu können, und in der die kindlichen Bedürfnisse erfüllt werden.

Ihr Bildungskonzept entstammt einem soliden Fundament der Biologie, Psychologie und Anthropologie. Sie studierte das Verhalten von Kindern in verschiedenen Kulturen und Ländern der Welt und erkannte im Laufe ihrer Forschung Gesetzmäßigkeiten menschlicher Entwicklung. Zeitlebens führte sie die Beobachtungen fort und entwickelte Pädagogik und Philosophie weiter.

Dr. Maria Montessori hat ein Curriculum, einen genialen Erziehungs- und Bildungsplan, inklusive konkreter Hinweise zu dessen Umsetzung, entworfen. Optimal an die Bedürfnisse des Kindes in der jeweiligen Entwicklungsstufe angepasst, stellt dieser die Einzigartigkeit, Selbstständigkeit, Freiheit und Verantwortung des Menschen ins Zentrum.

Das Kind selbst, den einzelnen Menschen, in den Mittelpunkt zu stellen, wertneutral zu beobachten und seinen individuellen Entwicklungsweg zu begleiten, war und ist nach wie vor meine persönliche Motivation, Philosophie und Pädagogik Dr. Maria Montessoris als Grundlage meiner täglichen Arbeit zu erklären. Durch Achtung, Liebe und

Susen Schorn
„Diese Schule ist absolut mein Ding"

Dass sich manches im Leben anders entwickelt, als geplant, weiß schon der Volksmund: „Unverhofft kommt oft", lautet eine alte Weisheit, die sich auch bei Susen Schorn vor einigen Jahren bewahrheitet und ihr Leben schließlich komplett umgekrempelt hat. Denn die gelernte Friseurin hatte eigentlich vor, ihren Meister zu machen und danach vielleicht einen eigenen Friseursalon zu eröffnen. Angemeldet auf der Meisterschule war sie schon – als sie feststellte, dass sie schwanger war. „Dadurch änderte sich alles", sagt Susen Schorn im Rückblick. „Mir war klar, dass ich die Mutterrolle ernst nehmen wollte." Deshalb hängte sie die Pläne vom Meisterbrief an den Nagel, brachte ihr Kind zur Welt, einen Sohn, und „danach arbeitete ich nur noch stunden- und aushilfsweise in meinem alten Friseurladen".

Ihr Sohn kam schließlich in den Gelnhäuser Waldkindergarten, auch das stellte sich als wichtige Weichenstellung heraus. Dort traf Susen Schorn nämlich nicht nur ihre alte Schulfreundin Nina Villwock wieder, die mittlerweile auch Mutter geworden war, sondern lernte auch das „Draußensein" und die Natur noch mal ganz neu kennen. Außerdem schätzte sie „den respektvollen Umgang mit Kindern und Eltern" und fühlte sich zusammen mit ihrem Sohn „rundherum wohl" dort. Als es dann in Richtung Einschulung ging, wurde ihr immer klarer, dass

sie sich als Schule für ihren Sohn in gewisser Weise eine Fortsetzung dieser Umgangsformen wünschte. „Ich hatte keine schöne Schulzeit, fühlte mich oft gedemütigt und getadelt. Meinem Mann erging es ähnlich." Solche Erfahrungen wollten sie ihrem Sohn ersparen – und suchten nach Alternativen. Die Freie Schule in Seligenstadt schien ihnen angemessen. Doch die Leiterin machte ihr wegen hoher Anmeldezahlen wenig Hoffnung und sagte zum Abschluss des Gesprächs einen entscheidenden Satz: „Man darf nicht immer auf die anderen warten; manchmal muss man auch selbst was machen."

Dieser Gedanke ließ Susen Schorn nicht mehr los, begann sofort in ihr zu arbeiten. Direkt nach dem Besuch in Seligenstadt kehrten Nina Villwock und sie irgendwo ein und begannen erste Pläne zu schmieden. „Von da an überschlugen sich die Ereignisse." Zwischen jenem denkwürdigen Abend und der Eröffnung der Schule lagen nur neun kurze Monate. Monate allerdings, die es in sich hatten. „Dann ging alles sehr schnell. Wir haben Tag und Nacht gearbeitet." Behördengänge, Schulkonzept, Finanzplan, Raumsuche – es gab so viel zu erledigen, dass die Initiatorinnen oft nicht wussten, wo ihnen der Kopf stand. „Ohne die Unterstützung meiner Familie und meiner Freunde hätte ich diese anstrengende Zeit in der Gründungsphase nicht geschafft", sagt Susen Schorn im Rückblick.

Trotz der großen Belastung, „es war ein echter Kraftakt", gab es kein Zurück und auch kein Zweifeln. Und das, obwohl Susen Schorn in der Zeit dann auch noch ihr zweites Kind erwartete. „Aber die Einschulung des Sohnes stand bevor und eine andere Schule konnten wir uns als Eltern nun nicht mehr vorstellen." Also war Eile geboten. Als die späteren Gründerinnen ihre Wünsche, wie denn die künftige Schule aussehen und was sie bieten solle, aufgeschrieben hatten, deutete ziemlich bald alles in Richtung Montessori. „Wir lernten damals schnell die spätere Schulleiterin Miriam Meisner kennen, die sich unsere Vorstellungen anhörte und befand, Montessori passe dazu am besten; sie schrieb dann auch das Konzept dazu." Susen Schorn hatte sich bis dahin nicht weiter mit Maria Montessoris Lehren beschäftigt, aber einen klaren Kompass, wohin es gehen sollte. „Selbstständigkeit der Kinder war mir wichtig, dass sie sich entfalten, ihre Stärken entwickeln können und ihre Neugierde behalten." All das fand sie bei Montessori vor. „Heute bin ich eine überzeugte Montessorianerin", sagt sie von sich, „und mein Mann auch."

Die Anfangsphase war für alle Beteiligten eine Ausnahmezeit. Ständig mussten Entscheidungen getroffen werden, permanent galt es aber auch zu improvisieren. „Den ersten Infoabend zum Beispiel bestritten wir mit selbstgebastelten Anmeldeformularen." Und obwohl es weder eine formelle Schulleitung noch ein Gebäude gab, drückten ihnen die ersten Eltern bereits an dem Abend Anmeldungen in die Hand. Dieser Infoveranstaltung folgten zwei weitere. „Das Echo war überwältigend", erinnert sich Susen Schorn an diese verrückte Zeit.

Jetzt, zehn Jahre später, ist sie stolz auf das Erreichte. Sie freut sich „voller Demut, dass der Laden läuft, dass Eltern ihr Wertvollstes in diese Schule bringen und alle Beteiligten sehr zufrieden sind mit dem Zustand der Einrichtung". Für die Zukunft wünscht sich Susen Schorn „von allem ein bisschen mehr": etwas mehr Schüler und mehr Grünflächen für die Sekundarschüler – „aber bitte keinen Riesencampus". Dazu schätzt sie die vertraute und „kuschelige" Atmosphäre, bei der jeder jeden kennt, viel zu sehr. Sie selbst will so lange in der Geschäftsführung bleiben, wie sie von Nutzen sein kann. „Wenn ich eines Tages feststelle, dass ich eine Blockade bin, werde ich mich im Sinne der Sache zurückziehen." Aber einstweilen lebt Susen Schorn für und mit der Schule – denn „sie ist absolut mein Ding".

Susen Schorn (* 1969), Initiatorin und Geschäftsführerin der Montessori-Schule sowie Mutter von zwei Kindern, die beide auf die Montessori-Schule gehen bzw. gingen.

Respekt reift Persönlichkeit. Das ist das Leitmotiv, das meiner Arbeit zugrunde liegt.

Immer am Leitfaden entlang

Parallel zu den Recherchen nach der pädagogischen Ausrichtung der neuen Schule informierte sich Manuela über die formalen und organisatorischen Voraussetzungen einer Schulgründung. Der „Leitfaden Privatschule" des Hessischen Kultusministeriums[4] bot ihr dazu die passende Grundlage.

Zu Beginn der Gründungsphase bestand unsere Arbeit aus vielen Treffen. In winterlicher Jahreszeit haben wir uns in gemütlichen Wohnzimmern getroffen, ausgetauscht, geplant und gemeinsam unsere Visionen einer „Schule als Lebensraum" (so unser Arbeitstitel) entworfen – und dabei so manches Glas Wein getrunken. Bei einem dieser Treffen sagte Manuela: *„Dieser Leitfaden Privatschule ist prima, den müssen wir einfach nur abarbeiten – wer macht was?"*

Ab diesem Zeitpunkt verteilten wir die Aufgaben und jede Gründerin bearbeitete den Bereich, der ihren individuellen Stärken entsprach. Manuela erstellte gemeinsam mit ihrem Mann die Finanzplanung. Susen und Kai begaben sich auf die Suche nach einem geeigneten Gebäude, und ich vertiefte mein Wissen über Montessori-Pädagogik und sammelte weiterhin pädagogische, didaktische und methodische Erfahrungen an staatlichen Schulen.

Mehr und mehr drängte sich mir die Frage auf, wie ich meine berufliche Zukunft weiter gestalten möchte. *Wie soll mein beruflicher Weg weitergehen? Sehe ich mich als Reformerin in einem bestehenden System – von innen heraus? Habe ich die Geduld langsam, Schritt für Schritt, mit langem Atem und Überzeugungskraft, Veränderungen vorzuleben und damit eventuell herbeizuführen?*

Ich reichte die Nachweise über meine Studienleistungen dem Amt für Lehrerbildung ein und ließ überprüfen, welche weiteren Qualifikationsmaßnahmen ich für den Erwerb des 2. Staatsexamens noch zu leisten hätte. Parallel dazu informierte ich mich über Weiterbildungsmöglichkeiten im Rahmen der Montessori-Pädagogik. Aus verschiedenen Gründen wollte ich nie Lehrerin werden und landete auf meinem Entwicklungsweg aber trotzdem immer wieder in lehrenden Tätigkeiten!

Die Arbeitsgemeinschaft braucht eine Form und die Schule einen Namen

Im Waldkindergarten hatten wir hautnah erfahren, welche Vor- und Nachteile die Vereinsstruktur als Trägerform des Kindergartens hat. Für eine Schule erschien uns diese Struktur in vielerlei Hinsicht zu anfällig für negative, blockierende Einflüsse und wir waren uns schnell einig, dass wir nach einer anderen Trägerform suchen wollten. Als kleine Arbeitsgemeinschaft „Schulgründung" schätzten wir das effektive, zügige Arbeiten und schnelle Vorankommen unseres überschaubaren Teams und wollten dies genauso beibehalten.

Manuela und Walter schlugen vor, eine gemeinnützige GmbH zu gründen, die als freier Träger die Schule gründet und führt. Sie entwarfen eine Satzung, in der die „Förderung der Bildung und Erziehung, insbesondere durch Einrichtung und Betrieb einer Montessori-Schule in freier Trägerschaft" als Zweck der Gesellschaft festgeschrieben ist.

Immer wieder überlegten wir, wie die neue Schule heißen sollte – und recht schnell entschieden wir uns für den Begriff „freie" anstelle von „private", da dies unserem Wunsch entsprach, die Freiheit

des Kindes und dessen Bedürfnisse ins Zentrum der Schule zu stellen. Die Entscheidung für Montessori-Pädagogik als pädagogische Ausrichtung war bereits gefallen und sollte im Namen sofort ersichtlich sein. Da das besondere pädagogische Angebot auch für Kinder bzw. deren Eltern eines größeren Einzugsgebietes interessant ist, entschieden wir uns für „Main-Kinzig-Kreis" als Namenszusatz und damit war der Schulname „Freie Montessori Schule Main-Kinzig-Kreis" geboren.

Übrigens ist der Name „Montessori" oder „Montessori-Schule" in Deutschland nicht namens- oder markenrechtlich geschützt.

Anteilseignerinnen der neu zu gründenden Gesellschaft waren Manuela, Susen und ich. Manuela und Walter boten Susen und mir an, die Anschubfinanzierung in ihre Hände zu nehmen und stellten im Gegenzug dazu die Bedingung, dass Manuela Hauptanteilseignerin und Geschäftsführerin werden solle.

Ich habe mich mit unterschiedlichen Menschen im Bekannten- und Familienkreis zu diesen Voraussetzungen beraten und Vor- und Nachteile dieser wichtigen strategischen Entscheidung abgewogen. *Kann es gut gehen, dass die Anteile nicht gleichmäßig verteilt sind? Was macht es aus, wenn eine von uns mehr Anteile hat? Jetzt läuft ja alles prima, wir sind uns stets schnell einig, doch was ist, wenn dies einmal nicht der Fall sein sollte?*

Es war mir bewusst, dass letztendlich Manuela in allen Belangen das letzte und entscheidende Wort haben würde, da Susen und ich mit unseren Stammkapitaleinlagen von jeweils 6.000 Euro Minderheitengesellschafterinnen waren.

Am Ende jedoch stimmten Susen und ich dieser Bedingung und Vorgehensweise zu.

Die Satzung wurde den zuständigen Behörden zur Prüfung vorgelegt, von diesen genehmigt und am 4. Februar 2006 war es soweit: Susen, Manuela und ich erschienen vor dem Notar und unterzeichneten den Gesellschaftsvertrag. Die „Freie Montessori Schule Main-Kinzig gemeinnützige GmbH" war damit gegründet und erhielt ihren Eintrag im Handelsregister.

Theo Deichmann
„Auf den öffentlichen Schulen ist es härter und rauer"

„Ich kenne beide Welten, weil ich bis zur siebten Klasse auf einem öffentlichen Gymnasium war und am Ende Probleme wegen meiner Faulheit hatte. Meine Eltern haben dann entschieden, dass ich hier mal ein paar Tage hospitieren sollte. Das habe ich dann gemacht; es gefiel mir auf Anhieb. Am Ende fragte mich ein Junge, ob ich wiederkommen würde. Da kannten wir uns gerade drei Tage. Das hat mich noch nie jemand gefragt. Ab dem Moment war mir klar, dass ich die Schule wechseln wollte.

Auf der öffentlichen Schule war alles deutlich härter und größer. Es gab acht Parallelklassen in einer Stufe, hier sind wir 39 Schülerinnen und Schüler in der gesamten Sekundarstufe – von der sieben bis zur zehn. Das ist schon ein gewaltiger Unterschied. Dort muss man schauen, wie man sich durchbeißt. Wenn hier in der Montessori-Schule einer gemoobt wird, dann kriegen die Lehrer das ziemlich bald mit und gehen dazwischen. Dort ist das nicht so.

Die Lehrer greifen auch ein, wenn es zu wild wird, aber sie schauen viel länger zu und kriegen vieles gar nicht mit. Ist bei 2.000 Schülern ja auch kein Wunder. Man kennt nicht mal seine ganze Stufe, hier kennen sich alle.

Hier wird man irgendwie in Watte gepackt. Das halte ich für einen Vorteil und einen Nachteil zugleich. Der Vorteil ist der nettere und familiärere Umgang; hier wird niemand fertiggemacht, alle kommen zu ihrem Recht. Der Nachteil: Man kann nie sicher sein, dass wir beim Lernen auch wirklich auf dem gleichen Stand sind wie an anderen Schulen. Ich kenne die Regelschule, weiß, wie es dort abläuft. Ich kann mich nach der zehnten Klasse da auch wieder einfinden. Aber für viele, die noch nie was anderes gesehen haben, wird es nicht so einfach werden nachher. Die werden sich nicht so leicht zurechtfinden in dem größeren und raueren Umfeld, manche werden es vielleicht sogar gar nicht schaffen. Ich bin gespannt auf den Übergang, der ja jetzt zum ersten Mal bewältigt werden muss.

Handwerklich ist diese Schule viel besser als die meisten. Und man lernt hier wegen der vielen Projekte auch zu präsentieren, sich vor Leute zu stellen. Man baut Selbstbewusstsein und Selbstsicherheit auf. Aber ich habe meine Zweifel, ob wir in allen Fächern mithalten können. Mein bester Freund ist auf einem öffentlichen Gymnasium, von daher habe ich einen ganz guten Vergleich. Manche Themen hatten wir längst, aber andere haben wir auch bis zum Ende der 10. Klasse nicht bearbeitet. Denke, das gilt vor allem für die Naturwissenschaften.

Den Wechsel hierher habe ich nie bereut, das war richtig und gut für mich. Aber ich weiß auch, dass das hier nicht das echte Leben ist. Deshalb bin ich froh, dass ich beide Welten kenne."

Theo Deichmann (* 1998) war zwischen 2011 und 2015 auf der Montessori-Schule.

Joshua Villwock
**„Hier wird auf die Stärken und Schwächen
der Schüler einzeln eingegangen"**

„Meine Mutter gehört zu den Gründerinnen der
Schule. Das ist einerseits ein komisches Gefühl, weil
sie ja fast immer auf dem Gelände ist, wenn ich es
auch bin. Andererseits hält sich meine Mutter über-
wiegend im Büro auf, das im sogenannten Modul
neben der Schule liegt. Oder sie ist in der Klasse der
Marienkäfer, bei den Grundschülern. Ich sehe sie
also gar nicht so oft, wie man denken könnte. Auch
zu Hause versuchen wir das Thema Schule zu ver-
meiden. Wir reden nicht mehr darüber als andere
auch. Wenn es um ein Projekt geht oder ich mal
unter meinen Möglichkeiten bleibe, dann bespre-
chen wir das kurz in der Familie. Aber wenn ich Mist
baue oder so, dann haben wir eine Abmachung,

dass sie sich raushält. Dann geht das seinen ganz
normalen Gang wie bei anderen Kindern auch. Sie
mischt sich nur ein, wenn sie als Elternteil gefordert
ist, nicht aber als Zuständige der Schule.
Gefragt worden bin ich nicht, ob ich auf diese Schule
möchte. Welches sechsjährige Kind wird das schon?
Aber im Laufe der Jahre haben meine Eltern immer
wieder mit mir zusammen überlegt, ob das weiterhin
die richtige Schule für mich ist. Ich habe das jedes
Mal bejaht, weil ich gerne hier bin, mich total wohl-
fühle. Am meisten mag ich, dass persönlich auf die
Wünsche und Stärken der Schüler eingegangen
wird, das Angebot nicht für alle dasselbe ist. Statt-
dessen wird individuell geschaut, was einer kann
und was einer nicht so gut kann. Hier kümmern sich
die Lehrer um jeden persönlich. Das finde ich toll
und halte das auch für etwas Besonderes. Da ich
mein ganzes Schulleben hier verbracht habe, weiß
ich nicht so recht, wie es woanders ist, aber ich stelle

mir die Regelschule viel unpersönlicher und im Umgang weniger respektvoll vor. Der Höhepunkt des Jahres sind für mich immer die Coffeehouse-Veranstaltungen, habe auch schon mal die Hauptrolle in einem Theaterstück gespielt. Das hat großen Spaß gemacht, wir alle haben bei dieser ganzen Organisation drum herum wirklich viel gelernt. Würde mir allerdings mehr Platz in der Schule wünschen, vor allem für die Sekundarstufe, denn da geht es manchmal schon recht eng zu. Und wenn ein Tisch ab 15 Uhr labert und lacht, dann überträgt sich das auf die ganze Klasse, konzentriertes Arbeiten ist kaum noch möglich. Aber das sind trotz allem Nebensächlichkeiten, die sich in der Zukunft auch noch ändern lassen. Insgesamt bin ich so zufrieden hier, dass ich mir gut vorstellen kann, eines Tages auch meine Kinder auf diese Schule zu schicken."

Joshua Villwock (* 2000), seit 2006 auf der Montessori-Schule.

Henrike Grimm
„Konnte die Schule erst nach meiner Rückkehr so richtig wertschätzen"

„Ich habe nach der vierten Klasse auf ein öffentliches Gymnasium gewechselt, weil ich Abitur machen möchte und wir dachten, das könnte man dort sicherer erreichen. Meine Eltern wollten das – und ich auch. Ich hatte mir immer vorgestellt, dass es woanders toll wäre, richtig mit allem, auch mit Hausaufgaben und so. Einfach das zu machen, was alle machen, schien mir erstrebenswert. Aber als ich dann in der fünften Klasse dort war, hat es mir überhaupt nicht gefallen. Die Mitschüler waren okay, da waren wirklich nette Leute dabei. Aber die Lehrer hatten teilweise überhaupt keine Lust auf uns. Das

hat man sofort gemerkt. Das dreiviertel Jahr war keine schöne Zeit für mich. Deshalb bin ich noch vor Ende des Schuljahres wieder zur Montessori-Schule zurückgekommen.

Kann mich noch gut an den Moment erinnern, als ich hier wieder auftauchte. Meine Freundinnen haben mich alle total herzlich begrüßt. Das war ein wunderschönes Gefühl, wie nach Hause kommen. Von da an wusste ich noch besser, was ich an der Schule habe. Sie hat mir auch vorher gefallen, aber jetzt, da ich das Andere kennengelernt hatte, konnte ich das Ganze erst so richtig wertschätzen.

Hier wird auf jede einzelne Person mehr geachtet. Außerdem kann man immer zu den Lehrern gehen und mit ihnen reden; sie geben einem offene Antworten. Auch der Zusammenhalt zwischen den Schülern ist größer. Man hilft sich gegenseitig, die Größeren den Kleineren und so weiter. Ich habe zum Beispiel eine Klasse übersprungen, das war auch kein Problem, weil wir ja sowieso jahrgangs-

übergreifend lernen. Auf einer Regelschule hätte ich das nicht so einfach machen können, hätte ich wahrscheinlich auch nicht gewollt. Aber in diesem etwas lockereren System ging das.

All das hat mir an der anderen Schule gefehlt. Abitur möchte ich immer noch machen, werde deshalb nach der zehnten Klasse auf eine andere Schule wechseln. Dass es hier kein Abi gibt, ist schon ein großer Nachteil. Vielleicht gehe ich vorher auch noch ins Ausland. Mein Traum wäre ein Jahr Neuseeland. Später möchte ich was mit Biologie machen, vielleicht auch mit Physik, am liebsten an Forschungsprojekten teilhaben. Deshalb muss ich für die Oberstufe auf jeden Fall nochmal woanders hin. Aber in der Zwischenzeit bin ich hier gut aufgehoben. Das weiß ich jetzt."

Henrike Grimm (* 2002), seit 2007 in der Einrichtung, zuerst ein Jahr im Kinderhaus, dann in der Montessori-Schule.

Marianne Sgorsaly
„Wachsen, statt immer nur kleiner werden"

Die Sgorsalys haben drei Kinder, Mädchen-Zwillinge und einen jüngeren Sohn. Die beiden Mädchen sind auf ein staatliches Gymnasium gegangen und haben inzwischen Abitur gemacht, der Sohn hat die Sekundarstufe auf der Montessori-Schule absolviert. Marianne Sgorsaly kennt also die ganze Palette pädagogischer Angebote aus eigener Familienerfahrung. Auch der Sohn ging zunächst auf eine normale Grundschule, um anschließend aufs Gymnasium zu wechseln. Aber dort hat es ihm nicht behagt: zu viele Schüler, zu große Klassen, strenger Ablauf, stures Lernen. Da er dazu noch ein bisschen schüchtern war, wie Frau Sgorsaly erzählt, „fühlte er sich überhaupt nicht wohl dort".

Aus Kindergarten- und Grundschulzeiten hatten die Sgorsalys noch Kontakt zu einer Familie, die ihre beiden Kinder auf die Montessori-Schule schickte. Von daher verfolgten sie die Entwicklung dieses pädagogischen Neugewächses von Anfang an und beobachteten auch die Fortschritte der Kinder. „Ich habe das über die Jahre im Blick behalten und was ich sah, gefiel mir." Als ihr Sohn dann immer unglücklicher wurde im Gymnasium und eine Zeit lang sogar nicht mehr schreiben wollte, besann man sich dieses guten Beispiels – und klopfte bei der Montessori-Schule an. Eine dreitägige Schnupperzeit verlief dann so positiv, dass sich alle unisono für einen Wechsel entschieden. Und das, obwohl der Sohn ein Jahr älter war als die oberste Klassenstufe der Schule, nach herkömmlichen Maßstäben also ein Jahr „verlor".

Aber solche Kriterien zählten plötzlich nicht mehr für Marianne Sgorsaly. Sie wollte nur noch einen zufriedenen Sohn sehen. Einen, der sich nicht täglich zur Schule quält, sondern wieder Spaß am Lernen hat, der innerlich wächst, statt immer nur kleiner zu werden. „Hier hat es ihm auf Anhieb gefallen." Der sanftere Umgang sei einfach besser für ihren Sohn gewesen. „Schon allein, dass es nicht klingelt, dass man seine Arbeit fortführen, tiefer in Themen eintauchen kann, war gut für ihn." Dazu die kleineren Klassen, der familiäre Umgang und die altersübergreifende Struktur, dadurch habe ihr Sohn schon bald wieder an Selbstbewusstsein gewonnen. „Er hat auch sehr viel daraus gezogen, mit Jüngeren zusammenzuarbeiten. Ihnen mal was zu erklären, mit ihnen zu arbeiten. Zu Hause hat er ja nur ältere Geschwister, deshalb hat ihm das richtig gut getan." Und wegen der individuelleren Lernform sei er heute „noch interessierter an Dingen, die ihn interessieren", in dem Fall vor allem an technischen und naturwissenschaftlichen Fragen. „Er konnte das hier ausleben, ohne andere Sachen komplett zu vernachlässigen." Zum Schreiben kam er dann übrigens auch wieder. „Deutsch wird nie sein Lieblingsfach", urteilt die Mutter, „aber eine Projektarbeit mit Überschrift, Inhaltsverzeichnis, Literaturverzeichnis und gehaltvollem Inhalt ist für ihn heute kein Thema mehr."

Problematisch findet Marianne Sgorsaly allerdings die Kosten. Sie hat an der Schule insgesamt wenig auszusetzen – außer dem Preis. Den sie für die Leistung, die die Schule erbringt, dann auch wieder gerechtfertigt sieht. Allerdings: „Dieses Geld steht leider nicht jedem zur Verfügung. Für uns war es kein Problem, aber für andere schon. Das ist erstens nicht gerecht und zweitens hat man dadurch eine bestimmte Auswahl an Schülern und Familien." Verbessern könnte man auch das Gebäude, meint Marianne Sgorsaly nach kurzem Zögern auf die Frage, was ihr an der Schule sonst noch missfalle. Es sei innen natürlich schöner als außen. Ein bisschen Farbe täte da ganz gut. „Aber", korrigiert sie sich dann selbst, „eigentlich macht es keinen großen Unterschied. Am wichtigsten ist für mich die Art der Pädagogik – und die stimmt."

Marianne Sgorsaly (* 1966), Heilpraktikerin und Mutter von drei Kindern; eines davon war auf der Montessori-Schule und hat inzwischen die Sekundarstufe abgeschlossen.

Lukas Krüerke
„Die Schule war gut für meine beiden Töchter"

Die Geduld des Vaters war lange auf eine harte
Probe gestellt. Würden seine beiden Mädchen
genug lernen hier? Würden sie rechnen und schreiben können in einem vernünftigen Alter? „Das waren
Fragen, die uns am Anfang sehr beschäftigt haben",
erinnert sich Lukas Krüerke an die erste Unsicherheit. „Wir mussten als Eltern enorm viel Vertrauen
aufbringen, denn hier entsprach ja nichts dem Ge-
wohnten." Dass sich Kinder frei im Raum bewegen,
nicht einmal auf einem Stuhl sitzen müssen, kein
Lehrer vorne steht, Einzelarbeit statt Unterricht stattfindet, all das war für die meisten Eltern Neuland.
Für Lukas Krüerke und seine Frau auf jeden Fall,
zwei Ärzte, zwei Hochschulabsolventen, klassische
Gymnasialausbildung, er zeitweise sogar auf einer
strengen internationalen Schule in Brüssel. An das
Freie – so sehr er sich ein förderliches Umfeld für

seine Kinder auch wünschte – musste er sich erst
gewöhnen. Musste sich darauf einlassen, dem ganzen Raum und vor allem Zeit geben.
Dabei hatten die Krüerkes die Entscheidung für ihre
beiden Töchter ganz bewusst getroffen. Die ältere
brachte das erste Jahr auf einer staatlichen Grundschule zu. Als es in der zweiten Klasse immer
schlimmer wurde, „das Mädchen nur noch unglücklich war", entschloss sich die Familie, nach Alternativen zu suchen. So kamen die Krüerkes zu
Montessori: „Wir waren bei dem allerersten Infoabend dabei." Damals, als es weder Gebäude noch
Schule noch Kollegium gab, aber „jede Menge Be-
geisterung und Engagement". Überzeugt hat den
Mediziner, dass die drei Organisatorinnen die
Schule wegen ihrer eigenen Kinder gründeten.
„Dann ist die Motivation besonders groß und der Anspruch besonders hoch", dachte er seinerzeit und
ließ sich zusätzlich von der Atmosphäre anstecken.
„Die Leute waren voller Energie und Tatendrang,
aber auch unheimlich empathisch und freundlich."

Also meldeten die Krüerkes ihre beiden Töchter für die Grundschule an.

Die Wertschätzung, die man den Kindern entgegenbrachte, gefiel Lukas Krüerke von Anfang an. „Wie die Kinder als Persönlichkeiten akzeptiert wurden und bis heute werden, wie hier gegenseitiger Respekt gelernt und gepflegt wird, hat uns sehr beeindruckt." Und mit der Zeit wuchs auch das Vertrauen in die schulischen Kompetenzen. Als der Vater nach und nach feststellte, dass seine Kinder alles lernten, was auch in anderen Schulen üblich ist – nur eben in anderem Stil und vielleicht in einer anderen Reihenfolge –, schwanden die Zweifel; er wurde immer überzeugter von Montessori.

Im Rückblick hat sich die Entscheidung aus seiner Sicht als absolut richtig herausgestellt. Beide Mädchen haben sich „sehr, sehr positiv" entwickelt und inzwischen erfolgreich die Sekundarstufe abgeschlossen – im gleichen Jahr, weil die jüngere eine Klasse übersprungen hat. Wieder kommt ein bisschen Unsicherheit auf, wie damals in der Grundschule. Nur geht es jetzt um den Übergang in die staatliche Schule hin zum Abitur. Ob sie den gut bewältigen? Das beobachtet nicht nur der Vater mit Spannung, sondern die halbe Schule, für die der Wechsel so etwas wie ein Lackmustest ist. „Ich glaube schon", sagt Lukas Krüerke, „dass sie gut vorbereitet sind für den nächsten Schritt. Denn sie können vor allem eines: sich selbst etwas erarbeiten, weil sie nicht mit Fakten gefüttert worden sind." Überhaupt fand er das meiste an der Schule „sehr, sehr positiv". Nur die Künste, besonders die Musik, sind ihm ein bisschen zu kurz gekommen. „Hier gibt es eindeutig Defizite." Mehr Musikstunden und gemeinsames Musizieren hätte sich der leidenschaftliche Klavierspieler für seine beiden Töchter schon gewünscht. Unterm Strich aber findet er es „toll,

dass meine Kinder diese Möglichkeit hatten." Wenn Lukas Krüerke solche Sätze sagt, schwingt bei aller Würdigung auch Wehmut mit. Denn die Familie, die seit den Anfängen dabei war, ist der Schule bereits entwachsen. „Es war gut für sie hier", sagt er, „aber jetzt kommt mit dem Schulwechsel etwas Neues" – und das gilt natürlich nicht nur für die Töchter.

Lukas Krüerke (* 1955), Chirurg und Vater zweier Mädchen, die beide (fast) ihre ganze Schulzeit auf der Montessori-Schule verbracht und inzwischen die Sekundarstufe abgeschlossen haben.

Fabienne Riedl
„Das Konzept hier liegt nicht jedem, mir schon"

„Ich bin schon meine ganze Schulzeit hier, fühle mich sehr wohl und werde auf jeden Fall bis nach der zehnten Klasse bleiben. Allerdings haben über die Jahre auch viele Kinder die Schule verlassen, meistens nach der vierten Klasse, weil sie dann doch lieber auf ein normales Gymnasium wollten. Manche denken, dort lernt man besser; sie finden es hier zu lasch. Sie kommen mit dem Lernprinzip der Montessori-Schule einfach nicht klar, können mit der größeren Freiheit nicht umgehen. Wenn die Lehrer gerade nicht hingucken, halten sie ein Päuschen,

schwätzen zu viel oder schießen Papierkügelchen durch die Gegend. Manche organisieren sich auch nicht gut.

Für mich ist das aber prima hier, mir liegt dieses Konzept. Wenn ich montags meine Woche beginne, dann setze ich mich als erstes an mein Logbuch und plane die Woche durch, mit Zeitplan und allem. Und in neunzig Prozent der Fälle schaffe ich das dann auch genauso. Aber es gibt auch Dinge, die mir nicht so gut gefallen hier: Immer bis 16 Uhr Schule zu haben, finde ich manchmal richtig doof. Man möchte doch auch mal rausgehen, ein Eis essen, einfach abhängen. Meine beste Freundin geht auf eine Regelschule; gelegentlich beneide ich sie um die Zeit am Nachmittag. Dann stelle ich mir vor, wie es in einer anderen Schule wäre, nicht wegen des Konzepts, sondern nur wegen der Unterrichtszeiten. Aber wenn ich an die Hausaufgaben denke – an

denen sitzen doch Schüler auch mal bis acht Uhr abends –, dann bin ich wieder ganz zufrieden hier. Keine Hausaufgaben zu haben, ist richtig klasse. Man arbeitet sein Zeug ab und nach der Schule hat man frei.

Ist schon das Richtige hier für mich, mit hunderttausend Kindern oder so auf einer Schule, von denen man größtenteils nicht mal die Namen weiß, das wäre nichts für mich. Hier kennen sich fast alle, die Schule ist sehr überschaubar und vertraut. Allerdings könnten sie am Gebäude mal was machen. Das finde ich einfach zu grau. Selbst in der Unterführung zur Bahn gibt es jetzt buntes Graffiti, aber hier ist alles grau. Nicht so schön. Ansonsten aber ist es hier wirklich nett – und oft auch sehr lustig.“

Fabienne Riedl (* 2003), seit 2009 auf der Montessori-Schule.

Tatendrang kennt keine Grenze

Montessori-Schulen brauchen Montessori-Pädagogen

In unserem Familien- und Freundeskreis hatte sich herumgesprochen, dass die Gründung der ersten privaten Grundschule der Heimatregion in vollem Gange war, und auch der Name „Montessori" war hier und da bereits gefallen. So kam es, dass eines Tages eine Freundin meiner Mutter berichtete, eine junge Familie in ihrem Wohnort habe eine Hofreite gekauft. Die junge Frau dieser Familie sei Lehrerin und plane, hier im Ort ein Montessori-Kinderhaus zu gründen. Ich bat sie darum, die Telefonnummer der jungen Frau herauszufinden. Nach einem Anruf und einem persönlichen Treffen in der Küche meiner Mutter kam Miriam Meisner ins Gründungsteam der Montessori-Schule.

Miriam ist Diplom-Biologin und quer in den Lehrerberuf eingestiegen. Sie hat an Montessori-Schulen in Frankfurt am Main gearbeitet und war bei der Gründung einer Montessori-Schule im Taunus aktiv beteiligt. Als sie zu unserem Gründungsteam stieß, war sie mit ihrer Tochter Milena schwanger und absolvierte gerade die Internationale Montessori-Ausbildung für das 6- bis 12-jährige Kind in Baldegg, in der Schweiz. Eigentlich wollte sie nach dem Umzug von der Stadt aufs Land ein Montessori-Kinderhaus für ihre Tochter gründen. Sie war schon sehr überrascht, als ich sie anrief und fragte, ob sie Interesse habe, als Lehrerin eine Montessori-Schule mit aufzubauen und dort zu arbeiten.

Fortan übernahm Miriam den pädagogischen Teil der Aufbauarbeit und verschriftlichte zuerst das besondere pädagogische Konzept, das für den „Antrag auf Genehmigung einer Ersatzschule in freier Trägerschaft" notwendig ist.

Miriam hat die pädagogische Ausrichtung der

Schule und die Aufbauzeit wesentlich geprägt. Von ihren Vorerfahrungen bei anderen Schulgründungen profitierten wir in hohem Maße: Fehler, die andere gemacht hatten, brauchten wir – dank Miriam – nicht zu wiederholen. Sie brachte die Ausrichtung nach den internationalen Montessori-Standards der Association Montessori International (AMI) an unsere Schule und sorgte dafür, dass wir dem pädagogischen Team Ausbildungen in internationalen Kursen ermöglichten.

Auch mich motivierte Miriam, meine internationale Montessori-Ausbildung zu starten, was ich im Sommer 2006 auch tat. Um mein 2. Staatsexamen als Gymnasiallehrerin zu absolvieren, wären mir – als Magistra Artium im Fachbereich Neuere Philologien – zwar alle meine Studienleistungen für das Fach Deutsch anerkannt worden, doch meine Nebenfächer nicht. Ich hätte noch ein zweites Schulfach studieren und den 21-monatigen Vorbereitungsdienst leisten müssen. Meine bisherigen Fortbildungs-, Unterrichtszeiten oder Unterrichtsleistungen an den staatlichen Schulen wurden diesbezüglich nicht anerkannt bzw. angerechnet. Diese Aussichten stellten eine große finanzielle Belastung für unsere Familiensituation dar. Zudem zeigten mir die starren und zum Teil schwer nachvollziehbaren bürokratischen Vorgaben, dass ich mir auch als Erwachsene schwer vorstellen konnte, mich den Anforderungen des staatlichen Systems langfristig anzupassen. Lieber wollte ich selbst einen Ort schaffen, der demonstriert: *Schaut her! Kinder brauchen Anerkennung, Liebe, Respekt, Freiheit, ihr Potenzial zu erkennen, Zeit, dieses zu entwickeln, und sie brauchen Grenzen, um sich selbst in der Gemeinschaft wahrzunehmen. Wenn die Lernumgebung, inklusive der Lehrer, an die Bedürfnisse der Kinder angepasst ist, dann funktio-*

niert Lernen von selbst. Es ist ganz einfach, ihr müsst es nur tun. Dieses Ziel passte eher zu meiner Persönlichkeit und ich entschied mich gegen eine staatliche Ausbildung und für eine Weiterqualifikation als Montessori-Pädagogin.

Miriam brachte eine sehr wichtige Vorerfahrung von anderen Gründungsinitiativen mit. Sie wusste um die Besonderheit und von den Herausforderungen, die im Zusammenspiel von Gründungseltern und pädagogischem Team entstehen können. Hoch motivierte Eltern, oft aus der Privatwirtschaft, treffen auf hoch motivierte Pädagogen. Die Ziele sind oft gleich, doch Eltern-Sprache unterscheidet sich sehr von der Sprache der Pädagogen. Zudem haben die Eltern Erfahrungen mit ihrem Kind in der häuslichen Situation und die Lehrer Erfahrungen mit dem Kind in der Gemeinschaft der Lerngruppe. Ein und dasselbe Kind verhält sich in unterschiedlichen Situationen gelegentlich sehr unterschiedlich. Das führt häufig zu Missverständnissen und Kommunikationsschwierigkeiten. Miriam brachte jedoch nicht nur problematische Erfahrungen mit, sondern präsentierte auch gleich einen Lösungsansatz: *Wir brauchen von Anfang an eine supervisorische Begleitung. Wir brauchen sie für pädagogische Prozesse, beispielsweise im Rahmen von Teambildung oder von Fallanalysen. Aber vor allem brauchen wir sie für systemische Prozesse auf der Führungsebene der Schule.* So kam es, dass wir uns fast von Anfang an für wichtige Prozesse supervisorische Begleitung holten.

Ersatzschulfinanzierung in Hessen.

Manuela und Walter entwarfen einen Plan, wie die neu gegründete Montessori-Schule finanziert werden konnte. Nach der Aufstellung der Kosten, die mit Investitionen, Personal, Miete oder Material auf das Gründungsteam zukommen würden, reichte ein Gläschen Wein nicht mehr aus, um den ersten großen Frust zu verdauen. Die ursprünglichen Finanzpläne führten auf ein Schulgeld hin, das unzumutbar war und keine Familie hätte zahlen können.

Drei Jahre müssen Schulgründer vorfinanzieren, um dem Staat zu beweisen, dass sie ein tragfähiges Konzept anbieten. Schließlich entdeckten unsere Finanzplaner eine Möglichkeit, die die Schulgründung doch finanzierbar machen konnte. Sie fanden eine Bank, die Bildungseinrichtungen und gemeinnützigen Gründungsinitiativen eine Finanzierungspartnerschaft anbietet. Diese ist an deren besondere Bedürfnisse angepasst. Das war die Lösung, um die ersten drei Jahre bestehen zu können. Ab dem vierten Jahr erfolgreichen Schulbetriebes würde die Schule, gemäß des Hessischen Ersatzschulfinanzierungsgesetzes, staatliche Zuschüsse für jeden Schüler und rückwirkend Investitionskostenzuzahlungen erhalten.

Fix und fertig – gut vorbereitet zum staatlichen Schulamt

Mit den nach drei Jahren zu erwartenden Zuschüssen hatten Manuela und Walter eine Zahlengrundlage zur Aufstellung eines Finanzplanes. Und durch das Darlehen der Bank ergab sich eine realistische Finanzierungsmöglichkeit. Sie erstellten einen belastbaren Finanzierungsplan für die Aufbaujahre. Und sie definierten ein Schulgeld, das dem Durchschnitt an anderen Schulen in freier Trägerschaft entsprach.

Der nächste wichtige Schritt zur Gründung einer „Schule als Lebensraum" stand Anfang 2006 auf unserer Agenda. Manuela hatte alle gemeinsam erarbeiteten und erstellten Antragsunterlagen in eine gebundene, optisch ansprechende Form gebracht und vereinbarte einen Termin mit dem Staatlichen Schulamt für den Main-Kinzig-Kreis in Hanau.

An einem Februarmorgen standen zwei aufgeregte Schulgründerinnen – Susen und Manuela – vor ihren Kleiderschränken und suchten nach den passenden Outfits. *Wer wird uns im Schulamt empfangen? Werden sie unseren Antrag gleich ablehnen? Werden sie unserer Idee gegenüber aufgeschlossen sein? Was werden sie über die pädagogische Ausrichtung denken? Was ziehen wir an?*

Gemeinsam hatten wir alle Eventualitäten durchgesprochen, mögliche Fragen und Antworten darauf entwickelt. So gut wie möglich hatten wir uns auf die für uns alle neue, ungewisse, aber so wichtige und entscheidende Situation vorbereitet.

Manuela und Susen wurden vom zuständigen Schulamtsleiter und dessen Juristin in Empfang genommen. Sie überreichten die vorbereiteten Unterlagen in mehrfacher und ausreichender Anzahl an Ausführungen und stellten unser Konzept vor. Mit einer derart ausgearbeiteten Präsentation und einer so umfangreichen und guten Vorbereitung bei diesem ersten Termin mit den neuen Schulgründerinnen hatte im Schulamt niemand gerechnet. Mit den Worten „Na, so eine professionelle Vorbereitung haben wir ja noch nie erlebt!", drückten sie ihre Überraschung aus. Nach diesem wichtigen Termin starteten das Schulamt für den Main-Kinzig-Kreis und das Kulturministerium Hessen die Prüfung des Antrags auf Genehmigung der „Freien Montessori Schule Main-Kinzig-Kreis" als Ersatzschule in freier Trägerschaft.

Die Welt soll es erfahren

Bis zu diesem Zeitpunkt hatte die Bevölkerung der Region möglicherweise Gerüchte gehört, doch so recht wollte noch niemand glauben, dass es bald eine Privatschule im Raum Gelnhausen geben würde. Wir hatten entschieden, zunächst das staatliche Schulamt über unsere Gründungsinitiative zu informieren und erst danach an die Öffentlichkeit zu treten. Nach Abgabe des Antrages war es soweit: Ich schrieb eine erste Pressemitteilung. Eltern von zukünftig schulpflichtigen Kindern wurden über die bevorstehende Gründung der ersten Montessori-Schule im Main-Kinzig-Kreis informiert und zu einem Informationsabend über den Schulstart zum Schuljahr 2006/2007 eingeladen.

Da im Februar 2006 noch kein Gebäude gefunden war, fand dieser Elternabend in der Firma von Manuelas Familie statt. Für den ersten Schritt an die Öffentlichkeit hatten wir Schulgründerinnen alles akribisch vorbereitet. In einem pädagogischen Teil erläuterte Miriam den zahlreichen interessierten Eltern die Konzeption, Walter stellte den Finanzierungsplan vor und Manuela erklärte den Eltern die Anmeldemodalitäten. Alle Anmeldeunterlagen lagen bereit. Einige Eltern waren so begeistert, dass sie die Unterlagen direkt an diesem Abend, vor Ort ausfüllten und abgaben. Das freute uns sehr, erstaunte uns jedoch gleichermaßen – gab es doch noch nicht einmal ein Schulgebäude, das wir den

Eltern vorzeigen konnten. Offensichtlich überzeugten wir sie. Scheinbar war die Zeit reif für eine pädagogische Alternative in der Region.

Schulaufnahmeverfahren

Ein Schulplatz an der Freien Montessori Schule Main-Kinzig-Kreis soll für das einzelne Kind ein guter und passender Platz sein. Ein wichtiger Bestandteil dessen ist, dass die Eltern der Schüler sich mutig auf einen Bildungsweg einlassen, der anders ist als der ihnen gewohnte und selbst erlebte. Sie brauchen ein Grundvertrauen in ihr Kind, in die Lernbegleiter und in die Schule.

Gemeinsam mit den drei Schulgründerinnen und auf der Basis ihrer bisherigen Erfahrungen an anderen Montessori-Schulen entwickelte Miriam ein spezielles Aufnahmeverfahren für angemeldete Schülerinnen und Schüler. Die Kinder lernen ihre zukünftigen Mitschülerinnen, Mitschüler und Lernbegleiter an einem Schnuppertag kennen. Seit Bestehen der Schule hospitieren interessierte Eltern im laufenden Unterricht und können im anschließenden ausführlichen Gespräch alle individuellen Fragen stellen und Eindrücke schildern. Im Anschluss daran entscheiden die Eltern und abschließend Schulleitung und Schulträger über die Aufnahme des Kindes in die Montessori-Grundschule. Wir entwickelten folgende Kriterien als aufnahmeentscheidend: die Schulreife des Kindes, die durch den Staat festgestellt wird, eine ausgewogene Mädchen-Jungen-Relation in der Lerngruppe, eine ausgewogene Altersstruktur in der jahrgangsgemischten Gruppe und die maximale jährliche Aufnahmekapazität.

Die ersten Schnuppertage für die Kinder im Jahr
2006 fanden, genau wie der Infoabend, im Firmen-
gebäude von Manuela und Walter statt.
Die ersten Kennenlern-Gespräche zwischen interessierten Eltern, Schulträger und pädagogischer
Leitung wurden in Miriams Küche geführt.

Natur versus Infrastruktur

Zeitgleich zu allen anderen Aktivitäten suchten
Susen und Kai gemeinsam mit Walter händerin-
gend nach einem geeigneten Gebäude. In Anleh-
nung an die wundervolle Umgebung des
Waldkindergarten Gelnhausens war der Wunsch-
traum ein Gebäude am Waldrand. Doch davon
mussten wir uns leider verabschieden, sollte die
Schule doch zunächst für die Eltern und später für
selbstständige Schülerinnen und Schüler infra-
strukturell günstig gelegen sein. Zudem musste das
Gebäude zu den finanziellen Möglichkeiten des
Schulträgers passen.

Nach einer gemeinsamen Begehung aller
Gründungsbeteiligter und nach der Expertise
von Miriam entschieden sich Kai und Walter
schließlich zur Gründung einer Vermieter GbR
und zum Kauf des ehemaligen Telekomgebäudes
in der Lagerhausstraße 3, in Linsengericht-Alten-
haßlau. Die Gemeinderatssitzung stimmte der
Umnutzung des Gebäudes zu und die Vermieter
entwarfen einen Mietvertrag, der an unsere
finanziellen Möglichkeiten optimal angepasst
war.

Im ersten Jahr mieteten wir nur einen Bruchteil
des großen Gebäudes. Erst in den kommenden
Jahren mieteten wir die zusätzlichen Räume
sukzessive dazu. Damit löste sich ein Problem, vor
dem Schulgründungen generell stehen: Im ersten
Jahr einer neu gegründeten Schule mit einer kleinen Schülergruppe ist der Raumbedarf gering,
doch bereits im zweiten Jahr steigt der Bedarf
und wächst dann Jahr für Jahr an.

Schulleitung gesucht und gefunden

Gemäß der Hessischen Schulgesetzgebung braucht eine Schule in freier Trägerschaft eine Person mit 2. Staatsexamen, die die Schule nach innen und nach außen vertritt. Nachdem mit Miriam eine Lernbegleiterin mit Montessori-Ausbildung, aber ohne 2. Staatsexamen gefunden war, suchten wir nun eine voll ausgebildete staatliche Lehrkraft. *Wie finden wir eine staatlich ausgebildete Lehrkraft, die kein Beamtenverhältnis anstrebt? Eine Lehrerin oder einen Lehrer, die bzw. der Interesse an Montessori-Pädagogik hat und bereit ist, sich diesbezüglich intensiv weiterzubilden? Wer ist mutig genug, sich auf etwas völlig Neues einzulassen, anstatt in ein bestehendes bekanntes System einzusteigen?*

Wir veröffentlichten eine Stellenanzeige in der regionalen Presse und erzählten unserem Freundes- und Bekanntenkreis von unserer Lehrersuche. Zur

gleichen Zeit renovierten wir die Räume der zukünftigen Grundschule. Unsere Alltagskleidung tauschten wir in Malerkittel um. Das Gebäude in der Lagerhausstraße war eine große Baustelle, die noch nicht nach einer Schule mit Klassenräumen oder Lehrerzimmer aussah. Es gab auch kein Büro mit schickem Mobiliar. Und so empfingen wir eine der Bewerberinnen auf unsere ausgeschriebene Stelle, Sabine Katzmann, mitten in der Baustelle und führten das Bewerbungsgespräch auf Campingstühlen an einem Campingtisch.

Dass Sabine, eine junge Lehrerin, frisch aus dem Referendariat, die Stelle angenommen hat, ist rückblickend betrachtet wirklich erstaunlich und war ein riesengroßes Glück für die Schule. Es zeigt, was für eine mutige und visionäre Persönlichkeit Sabine ist. Als Schülerin besuchte sie eine private Schule und hatte damit selbst Erfahrung mit anderen Schulsystemen außer dem staatlichen gesammelt. Sie brachte frische Fröhlichkeit mit ins

Gründungsteam und eine unbedingte positive Grundhaltung gegenüber dem Leben und vor allem zu den Schülerinnen und Schülern. Die intensive Zeit des Referendariats war ihr noch deutlich in Erinnerung und trotzdem zeigte sie sich bereit und offen, ab Sommer 2006 die Internationale Montessori-Ausbildung für das 6- bis 12-jährige Kind im schweizerischen Baldegg zu beginnen.

Gemeinsam durchlebten Sabine und ich zwei sehr intensive Jahre berufsbegleitender Zusatzausbildung, parallel zum Aufbau der Grundschule. Es grenzt fast an ein Wunder, wie gut wir durch alle Herausforderungen gekommen sind, die sich durch meine unterschiedlichen Rollen in der Schule ergaben. Sabine ist nicht nur meine Montessori-Kollegin, sondern sie war auch sechs Jahre lang Lehrerin meines Sohnes. Ab 2008 war sie als Schulleiterin meine Vorgesetzte und ich als Gesellschafterin ihre Arbeitgeberin. Es ist Sabines hoher emotionaler Intelligenz und fantastischer, integrativer Kommunikationsfähigkeit zu verdanken, dass wir all diese Herausforderungen gut gemeistert haben. Susen sagt, wenn sie an Sabine denke, dann sehe sie ein riesengroßes Herz – und sie findet damit genau die richtigen Worte. Sabine ist das riesengroße Herz der Schule. Wir sind sehr froh, dass sie die Grundschule seit 2006 leitet und ihre Kompetenz und Professionalität auch als Schulleiterin der Sekundarschule zur Verfügung stellt.

Der erste Jahrgang: Schuljahr 2006/2007

Mit Sabine und Miriam hatten wir zwei Lernbegleiterinnen[5] gefunden, die den fächerübergreifenden Unterricht in der freien Arbeitszeit der Schülerinnen und Schüler begleiten konnten. Uns Gründereltern war es wichtig, dass den zukünftigen Kindern Englisch als Fremdsprache sofort, ab der ersten Klasse, angeboten wird. Wir fanden mit

Ruth Fladung eine erfahrene Englischlehrende, die zudem eine englische Muttersprachlerin ist. Den Sportunterricht übernahm von Anfang an Sabine Starfinger. Beide unterrichten bis heute an unserer Schule.

Miriam hatte genaue Vorstellungen, wie eine Montessori-Schule, die sich an internationalen Standards orientiert, aussehen muss und wie in dieser gearbeitet werden sollte. Neben der guten Vorbereitung der Lernbegleiterinnen und Lernbegleiter, die in den internationalen Montessori-Kursen stattfindet, ist die gute Vorbereitung der Umgebung der Schülerinnen und Schüler ein wichtiger Grundsatz der Montessori-Pädagogik. Miriam sorgte dafür, dass alle Materialien[6], die gemäß des internationalen Montessori-Curriculums sein müssen, auch wirklich vorhanden da waren: sowohl die Montessori-Materialien als auch die Bildtafeln, Zeitleisten, Definitionsbücher inklusive aller anderen Materialien, die selbst hergestellt werden müssen, da sie käuflich nicht erhältlich sind.

Bevor die ersten Schülerinnen und Schüler also in ihrer neuen Lernumgebung lernen konnten, musste diese vorbereitet werden. Miriam übernahm die Materialbestellungen. Da sie jedoch bei der großen Lieferung ihren letzten Kursabschnitt in der Schweiz absolvierte, blieben Auspacken, Registrieren, Sortieren und Einräumen für uns übrig. Susen und Sabine erinnern sich noch sehr genau, wie die großen Pakete ankamen. Das Auspacken war fast wie Weihnachten: jedes Paket eine kleine Überraschung, denn für uns waren die Montessori-Materialien ja noch völlig unbekannt. Eine ganze Kiste voller Dreiecke in allen unterschiedlichen Größen und in verschiedenen Farben ließen uns staunen. *Was sollen wir mit all diesen Dreiecken anfangen? Wozu sind die alle da?* Es wurden immer mehr Dreiecke – es hörte gar nicht mehr auf.

Irgendwann waren dann alle Materialien ausgepackt und ordentlich und in der korrekten Reihenfolge in den Regalen verstaut. Unsere erste Einschulungsfeier konnte kommen. 28 Schülerinnen und Schüler, im Alter von 6 bis 8 Jahren, starteten im August 2006 in das erste Jahr unserer neu gegründeten Montessori-Schule. Wir hatten es geschafft, waren mächtig glücklich und auch stolz.

Als Andenken und Relikt aus der Zeit im Waldkindergarten hat sich übrigens bis zum heutigen Tag der „Waldtag" etabliert. Jeden Donnerstag um 11 Uhr gehen alle Kinder im ersten Schulbesuchsjahr in die nahegelegene Natur und bestaunen dort bei Wind und Wetter die Pflanzen und Tiere des Waldes.

Eine Montessori-Schule braucht ein Montessori-Kinderhaus

Das wurde uns allen schnell klar. Dr. Maria Montessori hat ein aufeinander aufbauendes, umfassendes Curriculum entwickelt, das nicht nur akademische Inhalte, sondern alle Inhalte, die für Kinder in der jeweiligen Entwicklungsstufe wichtig sind, in sich vereint. Wir merkten in der Schule, dass wir ohne ein Kinderhaus nicht so konsequent nach den internationalen Standards arbeiten konnten, wie wir uns das vorgestellt hatten.

Manuela entwarf einen Finanzierungsplan, Miriam schrieb die pädagogische Konzeption und gemeinsam stellten wir beim Jugendamt einen Antrag auf Betrieb eines Kindergartens. Wir suchten motivierte und engagierte Erzieherinnen und fanden die Montessori-Pädagogin Nicole Amberg, die bis heute das Kinderhaus mit viel Verstand und Herz leitet. Wir waren schon geübt in Montessori-Materialbestellung und Einrichtung einer vorbereiteten Umgebung[7]. Wir mieteten einen weiteren Teil des

Gebäudes hinzu und starteten im August 2007 mit unserem Montessori-Kinderhaus.

Hand in Hand arbeiten seit dieser Zeit Kinderhaus und Grundschule zusammen. Leicht und fließend ist der Übergang für die Kinderhauskinder in die Schule. Die Tür zwischen Kinderhaus und Grundschule ist stets in beide Richtungen offen. Die Kleinen gehen in die Bibliothek, um sich vorlesen zu lassen oder wie zufällig ein älteres Geschwisterkind, das bereits in der Schule ist, dort zu treffen. Zukünftige Schulkinder besuchen die Grundschule und arbeiten dort ein wenig in der freien Arbeitszeit mit. Grundschüler besuchen das Kinderhaus, um ihre frisch erworbenen Vorlesekenntnisse zu demonstrieren und lesen den Kleinen vor. Es findet sogar einmal im Monat eine Vollversammlung statt, in der sich alle 3- bis 12-Jährigen treffen. Dann werden Anliegen, die die gesamte Gemeinschaft betreffen, besprochen und diskutiert.

Elternarbeit oder Die Lerngruppe 6–12

Eltern einer neu gegründeten Schule sind sehr besondere Eltern – denn es sind Aufbau- bzw. Pioniereltern. Sie sind mutig, denn sie lassen sich auf etwas Neues ein, setzen sich damit Fragen und Diskussionen im Familien-, Freundes- und Bekanntenkreis aus und müssen für sich einen Weg finden, mit diesen Anforderungen umzugehen.

Viele Pioniereltern sind sehr engagierte Menschen, die die Schule mitgestalten möchten und am Aufbau aktiv beteiligt sein wollen. Für das pädagogische Team und für uns Schulgründerinnen war die Gestaltung des Schulhofes in dieser Hinsicht ein großes Lernfeld. Aus dem komplett bepflasterten Schulhof entwickelten wir gemeinsam eine vorbereitete Umgebung für Kinderhaus- und Schulkinder mit einem großen Sandspielplatz, Hütten zum

Spielen und Plauschen, einem Atrium für Außenveranstaltungen und einem Hügel zum Klettern und Rollen.

Die Wünsche der Eltern, die Anforderungen des pädagogischen Teams und unsere finanziellen Möglichkeiten in Einklang zu bringen, erforderte kommunikatives Know-how und Geschick. Planung und Umsetzung brachten einige hitzige Diskussionen und wieder versöhnende Treffen mit sich. In diesen Prozessen haben wir viel gelernt und von jedem einzelnen Treffen und von jedem einzelnen Pionierelternteil für unsere weitere, zukünftige Arbeit profitiert. Gemessen an dem, was uns in Sachen sogenannter „Elternarbeit" im Sommer 2008 bevorstand, war jedoch der Schulhofausbau ein gemütlicher Spaziergang.

Waren wir im Sommer 2006 mit einer jahrgangsgemischten Lerngruppe von 28 Schülerinnen und Schülern im ersten und zweiten Schulbesuchsjahr

gestartet, kamen schon im nächsten Schuljahr so viele Neue dazu, dass wir eine weitere Lerngruppe eröffneten. Wir teilten die Kinder in zwei Lerngruppen „Wildbienen" und „Wüstenmäuse" ein, die je von Sabine und Miriam geleitet wurden.

In unserem ursprünglichen pädagogischen Konzept planten wir die Lerngruppen 1–3 und 4–6 getrennt zu unterrichten. Als im Sommer 2008 auch das Ende unseres dritten Schuljahrgangs erreicht war und wir ausreichend professionelle Montessori-Lernbegleiterinnen hatten, entschieden wir, die Jahrgangsmischung so durchzuführen, wie wir es in den AMI-Montessori-Kursen von unserem Dozenten Dr. Peter Gebhardt-Seele gelernt hatten: Wir wollten die gesamte zweite Entwicklungsstufe in einer Lerngruppe zusammenführen, das heißt Kinder von 6 bis 12 Jahren in einer Klasse.

Dr. Maria Montessori unterschied zwischen drei Entwicklungsstufen des Kindes auf dem Weg zum

Erwachsenen. Die erste Lebensphase beginnt mit der Geburt und dauert bis zum ca. 6. Lebensjahr, die zweite Entwicklungsstufe ist die Zeit vom 6. Lebensjahr bis zum Beginn der Pubertät (ca. 12. Lebensjahr) und die dritte Entwicklungsstufe ist das Jugendalter vom 12. bis zum 18. Lebensjahr.

Kinder im Alter zwischen 6 und 12 Jahren haben – obwohl die Zeitspanne groß erscheint – viele Gemeinsamkeiten. Sie wollen die Welt verstehen und Zusammenhänge erforschen. Sie sind mit einem großen Wissensdurst und einer enormen Vorstellungskraft ausgestattet. „Warum ist der Himmel blau?", „Wieso leben heute keine Dinosaurier mehr auf der Erde?", „Wo gibt es aktive Vulkane?" oder „Wie heißt das Kind vom Pferd?" – das sind nur einige der Fragen, die sich Grundschüler stellen. In dieser – im Verhältnis zur Trotzphase des Kleinkindes oder der Abgrenzungsphase des Jugendlichen – relativ ruhigen Phase der Entwicklung gibt es ein großes Potenzial, viel zu erforschen und zu erlernen.

Kinder sind, wie natürlich wir Erwachsene auch, mit unterschiedlichen Interessen, Begabungen und Stärken ausgestattet. Kommt das eine Kind, das bereits im Kinderhaus unbedingt lesen lernen wollte, bereits lesend in die Grundschule, wird sich das andere Kind diese Kompetenz erst dann aneignen, wenn es merkt: „Wenn ich dieses Experiment machen will, dann muss ich die Beschreibung lesen können!" Erfasst das eine Kind die Einmaleins-Reihen sofort, erarbeitet sich ein anderes Kind diese erst langsam und Schritt für Schritt.

In der jahrgangsgemischten Lerngruppe fallen diese Unterschiede kaum auf – weder die akademischen noch die körperlichen. Ein Kind kann 7 Jahre und sehr groß sein und ein 9-jähriges Kind dagegen noch klein. All das spielt, je größer die Altersmischung ist, eine untergeordnete Rolle. Jedes Kind ist ein Individuum und alle zusammen sind eine lernende und lebendige Gemeinschaft.

Je größer die Altersmischung im Laufe der Jahre an unserer Schule wurde – umso ruhiger, konzentrierter und entspannter wurde die Arbeitsatmosphäre und umso höher wurde das Lernniveau. Wie in einer Familie schauen die Kleinen bewundernd auf die Großen und wollen auch können, was diese können. Das Erste, was ich Besucher und Hospitanten immer frage, ist: „Können Sie sehen, welches Kind in welcher Jahrgangsstufe ist?" Die Antwort lautet immer „Nein!" – die positiven Aspekte der Jahrgangmischung sind für jeden sofort ersichtlich.

Natürlich lernt ein Schulanfänger anders als ein Kind, das bereits fünf Jahre in der Schule ist. Doch die Kinder können ein und denselben Lerninhalt auf unterschiedlichen Niveaus bearbeiten. Sabine verdeutlichte uns diese Entwicklung anhand eines Beispiels: Das Thema Vulkanismus fasziniert schon den Erstklässler. Er wird ein Bild zeichnen, vielleicht das Wort Vulkan (WOLKN) dazu schreiben und dafür 20 Minuten Zeit benötigen. Ein Viertklässler wird sich über die unterschiedlichen Vulkantypen in Büchern informieren, ihre Standorte auf einer Weltkarte einzeichnen und in ausführlichen Texten die verschiedenen Vulkane beschreiben. Dazu benötigt er vielleicht zwei Wochen. Ein Kind im sechsten Schulbesuchsjahr wird sich eventuell mit einem konkreten Vulkanausbruch und seinen Folgen für die Menschen beschäftigen, z.B. durch die Lektüre des Romans „Die letzten Tage von Pompeji" oder es wird einen Vortrag über die Ursachen von Vulkanausbrüchen auf Grundlage der Theorie der Plattentektonik halten. Daneben wird es bei Bedarf einen außerschulischen Lernort aufsuchen und Experten zu diesem Thema befragen. Diese Studien können auch mehrere Monate in Anspruch nehmen.[8]

Wir waren, und sind es nach wie vor, von der Jahrgangsmischung 6–12 sehr überzeugt und änderten die pädagogische Konzeption so, dass wir ab dem Jahr 2008/2009 die Klassen weiter bis zur sechsten Jahrgangsstufe gemeinsam unterrichten konnten. Der von Miriam und Sabine verfasste Änderungsantrag wurde vom zuständigen staatlichen Schulamt problemlos genehmigt. Das war die leichtere Übung.

Sehr viel schwieriger und konfliktbeladener war es, die Eltern davon zu überzeugen, dass wir wissen, was wir tun, und keine pädagogischen Experimente auf Kosten ihrer Kinder durchführen. Die Aufregung war enorm, die Eltern machten sich große Sorgen. Aufwühlende Elternabende, viele Elterngespräche, in denen Eltern uns Vorwürfe machten, ihre Enttäuschung oder gar Wut äußerten, mussten wir in dieser Zeit durchleben. „Wie können die Pädagogen den Lernstoff aller sechs Jahrgangsstufen vermitteln?", „Hat mein Kind genug Auswahl, um Freunde/Arbeitspartner zu finden?", „Ist das nicht unruhig mit den Kleinen?", „Lernt mein Kind in der 6–12-Jahre-Klasse genug?", „6-Jährige und 12-Jährige haben sehr unterschiedliche Themen. Wie passt das zusammen?", all das waren verständliche Fragen und Ängste der Eltern.

Im deutschsprachigen Raum gibt es eine weitere Montessori-Schule, die ebenfalls erfolgreich mit einer Jahrgangsmischung 6–12 arbeitet: die „Futura Montessori Tagesschule" in Baar, Schweiz. Wir luden die dortige Schulleiterin Renée Classen zu einem pädagogischen Elternabend ein und sie berichtete den Eltern von ihren Erfahrungen und stand für Fragen zur Verfügung. Das war sehr hilfreich. Experten von außen geben doch mehr Sicherheit als die Prophetinnen im eigenen Land. Rückblickend betrachtet ist die Jahrgangsmischung eines der wichtigsten Elemente unserer Arbeit. Sie klappt so wunderbar, dass wir uns überhaupt nicht vorstellen können, ohne sie zu arbeiten.

Nicole Amberg
„Bei uns dürfen die Kinder lernen"

Montessori lernte Nicole Amberg am Anfang ihrer Tätigkeit als Erzieherin kennen. Damals wurde gerade der Bildungs- und Erziehungsplan umgestellt, der viele Parallelen zu Montessori enthielt. Sie wurde neugierig und beschäftigte sich näher damit. Im Zuge dessen erkannte Nicole Amberg: „Das ist es. Das ist genau meine Pädagogik", und entschied sich, das Montessori-Diplom zu erwerben. Warum? „Weil die Kinder hier lernen dürfen, weil sie spielerisch an Dinge herangeführt werden, weil sie Spaß haben." In den Regeleinrichtungen, die Nicole Amberg während ihrer Ausbildung – und später – kennengelernt hat, sei sie wegen der vielen Vorgaben einfach frustriert gewesen.

„Es hat mich immer geärgert, dass wir nicht durften. Wir haben einen Deckel aufgesetzt bekommen, wie weit wir mit den Kindern gehen konnten." Namen schreiben sei noch okay gewesen, Zahlen bis zehn auch, aber auf keinen Fall mehr. Die Schulen machten aufgrund ihrer Rahmenbedingungen viel zu viele Vorgaben, begrenzten dadurch den Lerneifer und die Wissbegier der Kinder. Ganz anders bei Montessori, wo die Kinder in den sogenannten „sensiblen Phasen" auch schon lesen lernen und zum Teil sogar im Tausenderbereich rechnen könnten. „Nicht mit Zwang, sondern weil die Kinder das möchten. Sie empfinden das auch gar nicht als Lernen, sondern sie wollen entdecken, wissen und forschen." Trotzdem hat es nach diesem Aha-Erlebnis noch eine ganze Weile gedauert, bis die Erzieherin zu einem Montessori-Kinderhaus kam. Zunächst arbeitete sie einige Jahre in verschiedenen staatlichen Einrichtungen, zuletzt als Leiterin. Aber ihr Ziel eines Kinderhauses verlor sie nie aus dem Blick, sondern lauerte eigentlich nur auf die passende Gelegenheit. Die ergab sich tatsächlich, als Nicole Amberg irgendwann von der Gründung der Montessori-Schule im Main-Kinzig-Kreis erfuhr. Sie wurde sofort aktiv, erkundigte sich, ob auch ein Kinderhaus dazu kommen solle – und reichte eine Bewerbung ein. Das war im Jahr 2007, seit 2011 leitet sie das Kinderhaus mit seinen rund 20 Kindern.

Und ist nach wie vor begeistert von ihrer Aufgabe. „Wir schauen aufs Kind, wir überlegen immer, was das Kind braucht", erzählt sie von ihrer Arbeit. Deshalb stünden bei ihnen viele alltägliche Dinge ganz besonders im Fokus: Reißverschlüsse öffnen und schließen, Schleifen binden, Frühstück vorbereiten, auch Essen schnippeln, sogar mit scharfen Messern, bügeln und vieles mehr. „Alles, was den Kindern im Alltag begegnet, findet bei uns statt." Dafür fehlt der herkömmliche Bauraum, die Puppenecke oder Lego. „Das können die Kinder auch zu Hause machen, dafür braucht man keine Ausbildung – im Gegensatz zur Arbeit mit den Montessori-Materialien, den speziell von Maria Montessori entwickelten Lernmaterialien", erklärt die Erzieherin das Konzept. Im Kinderhaus konzentriert sich das Lernen auf die vier Bereiche „Übungen des praktischen Lebens", „Sinnesmaterial", Mathematik und Sprache". Dafür steht den Kindern dann auch das gesamte Montessori-Material zur Verfügung. Sie können es stärker oder weniger stark nutzen, schneller oder langsamer vorankommen, „ganz wie sie wollen und können".

Schön findet Nicole Amberg auch den fließenden Übergang in die Schule: Mit sechs müssen die Kinder in die Schule gehen, können aber bereits während der Kindergartenzeit – immer mal – in die Schule reinschnuppern und mitmachen. „Wir achten für die Einschulung vor allem darauf, dass die Kinder sozial-emotional gefestigt sind. Inhaltlich können wir ihnen weiter Futter geben, weil wir ja diese Begrenzung nicht haben." Kinderhaus und Grundschule funktionierten sehr gut, meint Amberg, und seien prima aufeinander eingespielt.

Als nächstes wünscht sich die Erzieherin eine zweite Kinderhausgruppe, weil die Nachfrage die Zahl der Plätze weit übersteigt, und eine Krippe für die Kleinen unter drei. Das Diplom für den „Nido", wie eine Einrichtung für unter Dreijährige in der Montessori-Welt heißt, hat sie schon gemacht und bekommt sofort leuchtende Augen beim Erzählen: „Was man den Kindern dann hier noch alles bieten könnte?! Das kann keine Familie leisten. Einfach den Tag, das Leben erleben, in der Gruppe. Das wäre wundervoll." Noch sei nichts konkret geplant in der Richtung, sagt Amberg. „Wahrscheinlich sollten wir auch erst einmal das Kinderhaus vergrößern", fügt sie nüchtern hinzu. Aber so ein Nido irgendwann, „das hätte ich wirklich gerne". Dazu noch ein paar Männer bei den Kleinen und insgesamt mehr Platz. Dass sie Ziele verfolgen kann, hat Nicole Amberg ja schon bewiesen, als sie eine Montessori-Leitung suchte und fand. Und ein Traum ist das Kinderhaus für sie auch in der jetzigen Form schon. Ihn zu leben, dafür nimmt Amberg sogar einiges in Kauf: Sie pendelt jeden Tag von Frankfurt, wo sie mit ihrem Partner lebt, nach Gelnhausen – der Leidenschaft für ihre Arbeit wegen.

Nicole Amberg (*1980), gelernte Erzieherin, arbeitet seit 2007 im Kinderhaus, das sie seit 2011 leitet.

Endloses Ehrenamt

Vom Ehrenamt zum Hauptamt – Pionier- und Konsolidierungsphase

Wir drei Gesellschafterinnen starteten den Kinderhaus- und Schulaufbau zu dritt, packten die anstehenden Themen zu dritt an und entschieden alles zu dritt. In der ersten Aufbauphase wirkten unsere unterschiedlichen Persönlichkeiten gegenseitig motivierend und bereichernd. Jede machte das, was sie gut konnte.

Die ersten Aufbaujahre waren sehr dynamisch, denn alles war neu. Gemeinsam mit dem pädagogischen Team und den vielen aktiven Eltern stemmten wir einige Projekte und sammelten zahlreiche fröhliche, traurige, ärgerliche oder glückliche – zusammengenommen: vielfältige und bereichernde – Erfahrungen.

In der Aufbauzeit investierte jede von uns drei Initiatorinnen viel Zeit, Geld, Energie und ein sehr hohes Maß an Engagement. Wir arbeiteten ehrenamtlich. Für ihre Tätigkeit als Geschäftsführerin bezog Manuela ein kleines Gehalt. Aber wir alle arbeiteten neben unserem ehrenamtlichen Engagement an der Schule auch noch in unseren eigentlichen Berufen. *Wie viel Ehrenamt kann ein Mensch leisten? Wo sind die Grenzen dessen? Wann fängt die Selbstausbeutung an?*

Im Jahr 2008 hatten die zwei Grundschulklassen an unserer Montessori-Schule ihre Kapazitätsgrenzen erreicht und eine dritte Klasse sollte eröffnet werden. Für diese neue Klasse suchten wir nun nach Montessori-Lernbegleitern. *Soll ich an unserer Schule als Lernbegleiterin arbeiten? Wie ist das für die anderen, wenn ich gleichzeitig Gesellschafterin und Kollegin bin? Zudem bin ich auch noch Mutter, denn mein Sohn ist ja ein Kind unserer Schule.*

Trotz aller Bedenken – das Angebot war für mich zu verlockend. Unsere Schule hatte alles, was ich mir als Montessori-Pädagogin wünschen konnte: eine tolle vorbereitete Umgebung, die perfekte Jahrgangsmischung, einen behutsamen Umgang mit Kindern, die quer in die Montessori-Schule einstiegen, ein tolles Kollegium – ich konnte nicht widerstehen und unterzeichnete im August 2008 den Arbeitsvertrag.

Dank supervisorischer Begleitung und offener Kommunikation brachte meine Mutterrolle in der Grundschule keine weiteren Konflikte mit sich. Gesellschafterin und Lernbegleiterin zu sein, stellte jedoch in der Beziehung zu Manuela und Miriam eine größere Herausforderung dar. Das war ein Konfliktfeld, das wir ebenfalls mit unabhängiger Beratung bearbeiteten.

Aufbau Sekundarschule

Im Sommer 2010 absolvierte ich die „Montessori Orientation to Adolescent Studies" in Ohio, USA, und entdeckte dort, was ich bereits erwartet hatte: Auch für die Phase der Pubertät hat Dr. Maria Montessori wunderbare Ideen für eine optimal vorbereitete Umgebung für junge Erwachsene entwickelt. Ein Zentrum für akademische Studien bei gleichzeitiger körperlicher Arbeit ist ihr Modell für eine an die Bedürfnisse angepasste Umgebung für junge Menschen im Übergang vom Kind zum Erwachsenen.

Ein solches Zentrum wollte ich auch an unserer Schule aufbauen. Ich schrieb das pädagogische Konzept, bildete mich im Rahmen der „Orientation" über die Finanzierung eines Adoleszenten-Programms[9] fort und bereitete den Antrag „zur Erteilung einer Genehmigung zur Errichtung und zum Betrieb einer (Sekundar)-Schule in freier Trägerschaft" vor. Schon ein Jahr später würden un-

sere ersten Schülerinnen und Schüler aus der Grundschule herausgewachsen sein und eine neue Umgebung brauchen. Mit meinen öffentlichen Blog, den ich während der „Orientation" schrieb, mit einem großen Elternabend und mit einer öffentlichen Veranstaltung mit David Kahn[10] hatten wir deshalb die Schulgemeinschaft in die Vorbereitungen der Sekundarschule einbezogen. Viele Eltern zeigten großes Interesse.

Der Fisch fängt vom Kopf an zu stinken

Während im Gründungszeitraum 2005–2006 einfach alles passte, wir für auftauchende Herausforderungen sofortige Lösungen fanden, veränderte sich die Zusammenarbeit von uns drei Gesellschafterinnen in den folgenden Aufbaujahren. Die unterschiedlichen Kompetenzen von Manuela, Susen und mir hatten sich im ersten Jahr gut ergänzt, wir waren ein Team, das schnell, kompetent und erfolgreich voranschritt.

Im Laufe der alltäglichen Arbeit in den Aufbaujahren führten unsere unterschiedlichen Vorerfahrungen jedoch zu immer weiter auseinandergehenden Vorstellungen über die Führung eines Kinderhauses und einer Schule in freier Trägerschaft. Vor allen Dingen über die Themen Personalführung, Umgang und Kommunikation mit Eltern und externe Kommunikation oder Transparenz der Finanzsituation gab es über die Jahre hinweg unterschiedliche Perspektiven. Immer wieder entstanden Konflikte, die sich von Jahr zu Jahr verstärkten. Wir versuchten diese mit diversen Strategien wie klar getrennte Arbeitsgebiete, supervisorische Begleitung oder gemeinsam entwickelte und schriftliche Vereinbarungen zu lösen. Doch wir scheiterten immer wieder. Es kehrte keine Ruhe, keine Konsolidierung in die alltägliche Arbeit ein.

Durch meine Doppelrolle als Gesellschafterin und Lernbegleiterin war ich seit 2008 in die unterschiedlichsten Arbeitsabläufe involviert. Meine zahlreichen Aufgabenfelder und die vielfältigen Konflikte waren für mich zu einem sehr hohen Berg herangewachsen. Im Januar 2011 stand ich wie erstarrt vor diesem Berg und sah mich nicht mehr in der Lage, ihn Schritt für Schritt zu bezwingen. Ich hatte mich und mein Selbst so überlastet, dass ich keinerlei Grenzen zwischen mir und der Arbeit mehr sah. Mein System kollabierte, ich konnte nur noch im Bett liegen und scheiterte daran, meinen Alltag zu bewältigen. Es folgte eine Zeit der Depression und der inneren Auseinandersetzung. *Wie soll es nur weitergehen? Alles um mich herum liegt im undurchsichtigen Nebel. Oft ist es sogar tiefschwarz. Tag und Nacht dreht sich mein Gedankenkarussell und lässt sich nicht mehr anhalten. Hilflos drehe ich mich im Kreis. Was kann ich nur tun? Herzrasen. Panikattacken. Ich sehe kein Licht. Ich sehe keinen Ausweg.*

Große familiäre Unterstützung durch meinen Mann, meine Mutter, meinen Bruder, externe Hilfe in Form von Psychotherapie, ein sechswöchiger Aufenthalt in einer Rehabilitationsklinik und juristische Beratung führten dazu, dass ich mich langsam wieder aus der Depression heraus und auf das Leben zu bewegen konnte. All das brachte Struktur und Klarheit in mein durcheinander gewirbeltes Selbst.

Ein halbes Jahr später konnte ich wieder am Leben teilhaben und ich begann erste Schritte des Aufstiegs auf den Berg zu wagen. Zu dieser Zeit war ich an einem Punkt angekommen, mich von dem bis dahin Aufgebauten zu verabschieden. Ich war bereit, meine Anteile an der Gesellschaft zu verkaufen, und die Gründung der Sekundarschule gab ich ganz in Manuelas und Susens Hände. Nach den Sommerferien begann ich, mich schrittweise als Lernbegleiterin wiedereinzugliedern.

Vanessa Aghedo
„Hier wird jeder so angenommen, wie er ist"

„Für mich war die Schule hier eine echte Erleichterung. Ich war nämlich zuerst auf einer anderen Grundschule. Auf der bin ich gemobbt worden, weil ich anders aussehe. Mein Vater kommt aus Nigeria, meine Mutter ist Deutsche, das sieht man mir an. Damals in der ersten Klasse der Regelschule war ich sehr, sehr unglücklich. Ich kam dort überhaupt nicht zurecht. Meine Mutter hat dann nach anderen Schulen geschaut und irgendwie, über Zeitung und Internet, von der Montessori-Schule erfahren. Wir sind zum Infotag gekommen – und es hat mir sofort gefallen. Dass ich dann auch einen Platz hier bekommen habe, war für mich nach dem ganzen Mist auf der anderen Schule ein Erfolgserlebnis.

Außerdem habe ich schnell eine Freundin gefunden, Leoni, mit der ich bis heute ganz eng bin. Wir haben die Zeit hier gemeinsam verbracht und uns immer gut verstanden, auch wenn wir so in der siebten Klasse grauenhaft waren. Wir wollten halt cool sein, aber danach haben wir uns dann geändert, sind wieder vernünftiger geworden. Überhaupt gefällt mir die Gemeinschaft hier, alle helfen allen, jeder wird so angenommen, wie er ist. Ich hatte nie das Gefühl, dass ich wegen meiner etwas dunkleren Haut irgendwie ausgegrenzt werde.

Trotzdem gibt es auch Nachteile. Mit gefällt nicht, dass wir immer bis 16 Uhr bleiben müssen. Ist ja wie ein normaler Arbeitstag. Manchmal hätte ich mir einfach ein bisschen mehr Freizeit gewünscht. Und die

Auswahl an Jungs ist an einer so kleinen Schule natürlich sehr begrenzt, auch das ist ein Nachteil. Aber insgesamt war es für mich sehr heimelig und schön hier. Trotzdem freue ich mich jetzt auf etwas anderes, auch darauf, neue Leute kennenzulernen. Ich mag Kunst, möchte was mit Grafik und Design machen und mir jetzt eine größere Welt erschließen."

Vanessa Aghedo (* 1999) war zwischen 2006 und 2015 auf der Montessori-Schule.

Miriam Meisner
„Mit der Schule ist für mich ein Traum wahr geworden"

Der Anruf der drei Gründerinnen kam damals gerade recht – und auch wieder nicht. Miriam Meisner befand sich in einer Lebenssituation, die man gerne als „Zäsur" bezeichnet: Sie hatte ihre alte Stelle verlassen, war arbeitslos und musste wegen Eigenbedarfs hopplahopp aus ihrem bisherigen Haus in ein anderes nach Gelnhausen umziehen. Damit hatten sich nahezu alle Koordinaten ihres Lebens verschoben. Als Nina Villwock also im Herbst 2005 bei ihr anfragte, ob sie nicht bei diesem neuen Schulprojekt mitmachen wolle, war Miriam Meisner offen für Neues, weil sie vieles vom Bisherigen hinter sich gelassen hatte. Aber: Sie war auch schwanger und von daher in nächster Zeit nur bedingt einsatzfähig. Trotzdem traf man sich, tauschte sich aus und stellte fest, „das passt menschlich und das passt vom Konzept". Wenig später beschlossen die drei Gründerinnen und Miriam Meisner, das „gemeinsam auf die Beine zu stellen".

Anders als die drei Mitstreiterinnen hatte sie zu der Zeit bereits einige Erfahrung mit Montessori. Eigentlich hatte sie vorgehabt, nach einer Tischlerlehre Architektur zu studieren. In letzter Minute entschied sie

sich für Biologie und stellte die Weichen damit in eine völlig andere Richtung. Denn die Biologie brachte sie zu Montessori: Über einen Studentenjob, der an ihrem Institut ausgeschrieben war, landete sie im Sachunterricht einer Montessori-Schule[10]. „Das hat mir unheimlich viel Spaß gemacht", erinnert sich Miriam Meisner. Wenig später bot ihr die dortige Direktorin an, eine richtige Klasse zu übernehmen. Sie sagte zu und absolvierte begleitend die nationale Montessori-Ausbildung in Deutschland. Später wechselte sie an eine weitere Montessori-Schule, die sie dann auch leitete. Weil man sich dort allerdings über den besten pädagogischen Weg entzweite, zog sich Miriam Meisner zurück. „Danach hat sich in meinem Leben einiges geändert."

Es kam besagter Anruf von Nina Villwock – und dann ging alles sehr schnell. Innerhalb von neun Monaten mussten nicht nur ein Konzept erstellt, sondern die Logistik bewältigt, ein Kollegium zusammengestellt und die finanzielle Seite geregelt werden. Miriam Meisner mit ihrer besonderen privaten Situation hat in der Zeit den internationalen Montessori-Kurs fortgeführt, den sie bereits begonnen hatte, das pädagogische Konzept formuliert, die Schule mit aufgebaut, ein Haus renoviert, einen Umzug organisiert – und last but not least noch eine Tochter zur Welt gebracht. „Das war alles sehr, sehr anstrengend."

Aber auch schön. Denn es entstand viel Neues. Und die Aufbruchsstimmung, die um sich griff, setzte Energien frei. Entlastend für Miriam Meisner wirkte sich etwas später der Zugang von Sabine Katzmann aus, die zwar keine Montessori-Erfahrung, aber das zweite Staatsexamen hatte. Fortan teilten sich die beiden die Leitung der Grundschule, Miriam Meisner konnte in Teilzeit gehen. „Die ersten Jahre waren schon verrückt. Wir haben irre viel gearbeitet, aber daraus auch ganz viel Befriedigung gezogen." Sie selbst hat während ihrer Ausbildung und danach zahlreiche Montessori-Schulen in der Schweiz und in den USA besucht und ihre Erfahrungen nach Gelnhausen zurückgetragen. „Die Schule war mein Traum. Ich hatte das Konzept im Kopf und wollte es so verwirklichen. Und sie ist auch tatsächlich so geworden, wie ich mir das vorgestellt habe."

Heute gefällt ihr besonders „der respektvolle Ton an der Schule, der achtsame menschliche Umgang und die individuelle Lernatmosphäre". Gut findet sie auch, dass verschiedene Jahrgänge miteinander lernen. „Nach Montessori soll man mindestens drei Jahrgänge mischen. In Deutschland gibt es welche, die mischen zwei, drei oder vier, aber sechs Jahrgänge habe ich noch nicht erlebt." Schon von daher sei die Schule etwas Außergewöhnliches. „Und es klappt super. Ich kann jeden Tag schöne Sachen beobachten, wenn die Großen den Kleinen helfen." Dass Montessori die Kinder nicht auf das richtige Leben da draußen vorbereite, hält sie für einen unzutreffenden Vorwurf. „Hier geht es letztlich darum, dass die Kinder ihre eigene Berufung finden. Darin unterstützen wir sie. Und das ist die beste Vorbereitung fürs Leben, die man ihnen geben kann."

Trotz verschiedener Krisen im Laufe der Jahre sieht sie die Schule insgesamt auf einem sehr guten Weg. Besonders die Grundschule hält sie für etabliert und wünscht sich, sie möge so weiterlaufen. Dazu ein größeres Kinderhaus, ein „Nido" für unter Dreijährige wie das in der Montessori-Sprache heißt, eine Sekundarstufe mit dem Raum, den sie braucht – „das wären alles Ziele, die ich unterstützen würde". Aber nichts überstürzen, denn die letzten neun Jahre seien anstrengend und aufregend gewesen. „Der Aufbau ist abgeschlossen, jetzt geht es darum, das Erreichte zu bewahren und zu festigen."

Miriam Meisner (* 1971) war von Anfang an dabei und zwischen 2006 und 2015 Leiterin der Grundschule. Sie hat eine Tochter, die ebenfalls auf die Montessori-Schule geht.

Eröffnung der Sekundarschule

Ich kannte Michael Elias aus meiner Zeit in Friedberg und erlebte ihn als leidenschaftlichen Lernbegleiter für Jugendliche. Er hatte die „Orientation for Adolescent studies 2009 in Ohio" absolviert und dort ein Konzept erarbeitet, von dem er sehr überzeugt war – seine Gewissheit hatte eine enorme Energie und Strahlkraft. Es war wirklich Glück, dass er sich 2011 auf unsere ausgeschriebene Stelle bewarb. Fortan übernahm Michael den pädagogischen Teil der Aufbauarbeit der Sekundarschule.

Die große Krise

Meine Abwesenheit und mein geplanter Ausstieg aus dem bestehenden System wirkten sich auf das Gesamtsystem von Kinderhaus und Schule aus. Die Zusammenarbeit von uns Gesellschafterinnen veränderte sich und meine Krankheit war eine starke Belastungsprobe für die gesamte Gemeinschaft.

Während dieses halben Jahres standen Susen und ich die ganze Zeit in Kontakt. Spaziergänge und Gespräche mit ihr halfen mir sehr. Susen bat mich darum, meine Anteile nicht zu verkaufen. Sie motivierte mich dazu, weiter an der gemeinsamen Idee von einer Schule als gutem Ort für alle zu arbeiten. Von dieser Idee waren wir weiterhin überzeugt. Wir beide wussten ja eigentlich auch, wie wir diese Idee umsetzen konnten. Als Minderheitengesellschafterinnen hatten wir zwei jedoch kaum Rechte. Bis zu diesem Zeitpunkt hatten wir uns auch wenig um die Finanzierungsmodalitäten gekümmert. Um uns einen Überblick über die wirtschaftliche Situation zu verschaffen, beauftragten wir im Jahr 2011 einen Wirtschaftsprüfer.

Manuela litt, genauso wie Susen und ich, unter den stetigen Konflikten und entschied sich, ihr Amt als Geschäftsführerin niederzulegen. Sie beschloss, sich beruflich wieder in der Firma, die sie gemeinsam mit ihrem Mann Walter führte, zu engagieren.

Die Ankündigung ihrer Amtsniederlegung überließ sie uns und da ich in dieser Zeit noch krankgeschrieben war, musste Susen den Eltern diese schwierige Botschaft überbringen. Ein eigens einberufener Elternabend musste gut vorbereitet und souverän durchgeführt werden. Susen holte sich Unterstützung durch externe Beratung. Um den Abend noch einmal durchzusprechen und zu üben, kam Susen zu mir. Eigentlich wollte sie noch nach Hause fahren und duschen. Daraus wurde nichts mehr. Gemeinsam sprachen wir den Elternabend durch, Susen sprach die Worte laut vor mir aus, die sie später an die Eltern richten wollte, formulierte immer wieder neu und schrieb ihre Karteikarten

um. Gemeinsam übten wir und spielten den Abend – und mögliche Fragen der Eltern – durch. Schließlich war die Zeit so fortgeschritten, dass Susen direkt in die Schule musste und sich im Kinderhausbad frisch machte.

Mit Sabine als große, stabile Unterstützung im Rücken informierte Susen die Eltern darüber, dass Manuela zukünftig nicht mehr die Geschäfte der gemeinnützigen Gesellschaft führen würde, sich neu orientieren würde und zurück in die freie Wirtschaft ginge. Die Eltern waren beunruhigt, äußerten ihre Erschütterung und ihre Verärgerung über die Situation, in der sich die Trägergesellschaft befand. Gleichzeitig boten aber auch Eltern ihre Unterstützung an. Ohne den Rückhalt und die große Hilfe aus der Elternschaft hätten wir diese schwierige Phase, unsere große Krisenzeit, auch nicht gemeistert. Mit riesigem Engagement, Rat, Tat und großem Sachverstand standen uns die Eltern zur Seite.

Sabine Katzmann
„Mein Herz hängt sehr an dieser Schule"

Wie viel ihr die Schule bedeutet, hat Sabine Katzmann besonders deutlich gespürt, als sie sie nicht hatte: während der Elternzeit. Nach der Geburt ihrer Tochter im Mai 2014 hat sie ein gutes Jahr ganz bewusst und gerne ausgesetzt – und doch Heimweh nach der Schule gehabt. Denn ihre Auszeit fiel ausgerechnet ins erste Abschlussjahr, als die ersten Jugendlichen die Sekundarschule abschlossen und die Schule verließen. „Meine Tochter ist mir sehr wichtig, aber das sind doch unsere Pflänzchen", sagt sie bedauernd, „die wir von Anfang an begleitet haben. Ich finde es schade, dass ich gerade das verpasst habe; ich wäre so gerne dabei gewesen."

Denn Sabine Katzmann gehört zum Urgestein der Schule, nicht zum allerältesten, aber nahe dran: Nachdem die drei Initiatorinnen beschlossen hatten, eine Schule zu gründen, nahmen sie als Erste Miriam Meisner an Bord, die auch das Konzept dafür ausarbeitete. Wenig später kam Sabine Katzmann dazu; 26 Jahre war sie damals, gerade dem Referendariat entstiegen, das zweite Staatsexamen in der Tasche, aber noch wenig Lehr-Erfahrung im Gepäck. Den Tipp hatte sie von einer Freundin erhalten, die sich zunächst selbst für die Montessori-Schule interessiert und bei der Gelegenheit das schriftliche Konzept erhalten hatte. Das reichte sie an Sabine Katzmann mit den Worten weiter: „Für mich ist das nichts, aber zu Dir passt das prima. Lies mal." Und tatsächlich sprang sie die Sache sofort an. „Ja, genau so muss man es machen", erinnert sich die heutige Gesamtschulleiterin an ihre damaligen Gedanken. „Wir richten uns ganz nach dem Kind, schauen nach seinen Bedürfnissen und bauen alles andere darum herum."

Sie bewarb sich also. Das anschließende Vorstellungsgespräch bestätigte den Eindruck der Lektüre und machte Lust auf die Stelle. Man wurde sich schnell einig; schließlich fing sie nicht nur als Lernbegleiterin, sondern neben Miriam Meisner auch als zweite Schulleiterin an. An eine Montessori-Schule zu gehen, war ihrerseits ein bewusster Entschluss, nicht etwa aus der Not eines engen Arbeitsmarkts heraus geboren: „Ich hätte auch in einer staatlichen Schule anfangen können, das wäre kein Problem gewesen, aber das Konzept hat mich total überzeugt." Allerdings waren an die Stelle einige Bedingungen geknüpft: Sie musste noch eine Montessori-Ausbildung machen. „Für mich hieß das, aus dem Referendariat direkt in die nächste Ausbildung. Drei Jahre lang keine Ferien, nur an Weihnachten frei." Es war eine anstrengende Zeit, aber auch eine befriedigende. „Das ging nur, weil ich zwar einen Freund hatte, aber kein Haus, kein Kind, kein Rind, nichts. Ich konnte mich voll auf die Arbeit konzentrieren." Und das hat sie dann einige Jahre lang auch getan, zunächst als eine von zwei Schulleiterinnen in der Grundschule und seit 2013 als Gesamtschulleiterin.

So hart die Anfangszeit auch gewesen sein mag, mit „extrem hoher Belastung und jeden Tag alles neu", so schön findet sie es heute. „Wir haben hier eine besondere Situation, weil wir uns um jedes Kind individuell kümmern können. Wenn nötig, fokussieren wir uns auch mal zwei Wochen auf ein einziges Kind. Der andere Lernbegleiter übernimmt dann den Rest. Das geht in einer staatlichen Schule überhaupt nicht, denn der Lehrer muss dort bis zu 30 Kinder gleichzeitig unterrichten." Diesen „Luxus", die Kinder in den Mittelpunkt zu stellen, möchte sie nicht missen, weil sie ihn pädagogisch einfach für sinnvoller hält.

„Hier geht es darum, Kompetenzen auszubilden und starke Persönlichkeiten zu entwickeln. Wir haben einen hohen Anspruch an die Kinder." Noten dagegen seien total relativ, sagten wenig über die tatsächlichen Fortschritte aus. Und vor allem demo-

tivierten sie besonders die schwächeren Schüler. Wer die dritte Fünf in Folge geschrieben habe, sei definitiv frustriert. „Wir hier wollen die Kinder auf keinen Fall in eine Situation bringen, in der sie denken, sie seien schlecht oder dumm. Wir arbeiten auch an ihren Schwächen, aber nicht so offensichtlich. Vor allem hetzen wir sie nicht, sondern haben Zeit und Geduld." Vergleichbarkeit über Noten herzustellen, nütze weniger den Kindern als Eltern und Lehrern, sagt die Lehrerin, die beide Welten kennt. Den Eltern, weil sie ihnen eine vermeintliche Sicherheit darüber vermittelten, wo das Kind steht. Den Lehrern als Bestätigung ihrer Arbeit. „Wir sagen den Schülern auch, was sie nicht können, aber wir machen sie nicht klein."

Obwohl Sabine Katzmann noch keine vierzig ist, könnte sie sich ohne Weiteres vorstellen, bis zum Ruhestand nach der Pädagogik und Philosophie von Maria Montessori zu unterrichten. „Das würde ich

von Herzen gern machen, leider geht das nicht." Denn sie ist als einzige Lehrerin an der Schule verbeamtet, hat eine sogenannte „Leerstelle" inne, eine von einem starken Dutzend in Hessen. Das sind Lehrer, die eigentlich beim Staat angestellt und verbeamtet sind, aber an eine private Schule ausgeliehen werden, um dort den staatlichen Lehrauftrag zu sichern. Solche Leerstellen sind zeitlich begrenzt. Rund zehn Jahre hat sie noch – eigentlich viel –, aber es reicht eben nicht bis zur Pensionsgrenze. „Irgendwann muss ich vermutlich zurück in den Staatsdienst", sagt sie, „bis dahin ist mir hoffentlich etwas eingefallen." Noch aber kann sie das alternative Lernkonzept einige Jahre ausleben – und freut sich jetzt erst einmal auf die Rückkehr nach der Elternzeit.

Sabine Katzmann (* 1978) ist Schulleiterin und Lernbegleiterin für die 6- bis 12-Jährigen.

Michael Elias
„Mir gefällt das Gesamtpaket"

Er ist der „bunte Vogel" der Schule: ein Mann mit einer bewegten Vergangenheit, der viele Stationen genommen, manches auf Umwegen erledigt und immer neue Ideen im Kopf hat. Michael Elias spricht von „Patchwork-Lebenslauf" und meint damit vor allem die rund zwanzig Jahre zwischen dem Ende der eigenen Schulzeit und dem Beginn seiner Lehrtätigkeit an der Montessori-Schule, wo er seit 2011 die Sekundarstufe leitet.

Das humanistische Gymnasium hat er ohne Abitur abgebrochen, obwohl er ein begabter und interessierter Jugendlicher war. „Hat irgendwie nicht funktioniert mit mir und dieser Schule, und in der Pubertät schon gar nicht", erinnert er sich. Danach folgte eine Reihe an Jobs, die unterschiedlicher kaum sein könnten, vom Waldarbeiter über den Handwerker bis zum internationalen Konzert-

manager war alles dabei. Bei Letzterem war er viel on Tour, in allen wichtigen Großstädten dieser Welt, von einem Flughafen und Bahnhof zum nächsten. „Irgendwann hat man alle Hotels und alle Konzerthallen gesehen. Man wacht morgens auf – und weiß nicht, wo man gerade ist." Weil er sein Jetset-Leben beim Frankfurter Ensemble Modern nach Jahren leid wurde, entschloss sich Michael Elias schließlich zu einem tiefen Schnitt: „Ich wollte das Versäumte nachholen und ging nochmal in die Schule, machte Abitur auf dem Abendgymnasium. Da war ich bereits 28 Jahre alt."

Als Studienfach liebäugelte er dann anschließend erst mit der Forstwirtschaft, „aber die Studenten dort waren zu 98 Prozent männlich und trugen ein grünes Jankerl. Das war nichts für mich." Deshalb entschied er sich für Biologie; besonders angetan hatte es ihm die Evolution des Menschen, weshalb er sein Hauptfach gleich noch mit Anthropologie kombinierte. „Letztendlich ging es um die spannenden Fragen: Wer bin ich und warum?" Das war eine gute

Basis für die spätere Pädagogik, obwohl er zu der Zeit an alles Mögliche, aber bestimmt nicht an die „Penne" dachte. Doch als ihm ein Professor zu verstehen gab, dass er in seinem Alter wenig Chancen auf eine wissenschaftliche Karriere hätte, entschied er sich fürs Staatsexamen, sprich: Lehramt. Beflügelt wurde die Entscheidung wohl durch einen weiteren interessanten Nebenjob als Führer im Senckenberg-Museum, oft auch für Schülergruppen und Kindergeburtstage. „Das hat mir Spaß gemacht, vor allem merkte ich, dass ich das kann."

Zur Montessori-Schule kam er per Zufall über naturpädagogische Führungen, die er – als weiteren studienbegleitenden Job – auf der Wegscheide damals gab. Zunächst verschlug es ihn zur Sekundarstufe der Montessori-Schule in Friedberg, die neu aufgebaut wurde. „Das erste Staatsexamen hatte ich zu der Zeit noch gar nicht." Aber einen Vertrag in der Tasche und viel Aufbauarbeit zu leisten. Die Uni-Prüfungen absolvierte er deshalb parallel zum laufenden Betrieb, „das war eine turbulente Zeit". Von Montessori hatte er bis dahin noch keine Ahnung gehabt, „gar nichts, null, nada". Zwar kamen die Führungen auf der Wegscheide dem Konzept recht nahe, weil sie die Schüler zum eigenen Schauen und Erkennen anregten, aber den Rest der Montessori-Lehre musste er sich erst noch aneignen. Das tat er dann auch, und zwar ziemlich schnell und ziemlich intensiv.

So ging er in die Ausbildung nach Ohio, um dort als Teil der Anforderungen ein Konzept für eine eigene Montessori-Schule zu entwerfen. Das nahm er zurück nach Deutschland – und setzte es zunächst in Friedberg um, später in Linsengericht. Als schließlich die damalige Schulleiterin in Friedberg wegen einer Schwangerschaft ausfiel, trug man ihm die Leitung an. „Ich sagte zu und setzte meine Ideen weiter um." Wegen Differenzen mit der Geschäftsführung verließ er Friedberg dann aber Anfang 2011 „und

hatte sofort mehrere andere Angebote auf dem Tisch", darunter auch eines aus der Montessori-Schule im Main-Kinzig-Kreis, die gerade dabei war, eine Sekundarstufe einzurichten. „Ich habe mich für diese Schule entschieden, weil das Gesamtpaket stimmt, vor allem aber, weil es pädagogischen Sachverstand in der Trägerschaft gab. Das war mir wichtig." Inzwischen sind vier Jahre vergangen, die ersten Schülerinnen und Schüler haben die Sekundarstufe erfolgreich absolviert und die Schule verlassen. Elias freut sich über das Erreichte, ist aber noch lange nicht am Ende seines Wegs. „Das jetzige Konzept funktioniert, es ist ganzheitlich, hat einen roten Faden und ist mittlerweile ziemlich ausgeklügelt", meint er, „aber mein Anspruch und mein Traum bleibt die Farmschool." Eigentlich möchte er die Jugendlichen – dem Erdkinderplan entsprechend – in direkte Arbeit bringen, sie etwas mit manueller Tätigkeit produzieren, vermarkten und verkaufen lassen. „Dafür brauchen wir einen anderen Standort und vor allem mehr Platz", sagt er und überlegt schon wieder eifrig, wie das gehen könnte und was dann alles möglich wäre.

Ruhiger geworden ist Michael Elias im Laufe der Jahre auf jeden Fall, nicht zuletzt, weil er sich in der Montessori-Pädagogik heute „total zu Hause" fühlt. Sie passt zu seinem handwerklichen Geschick und seinem freien Geist. Ob er sich vorstellen kann, das noch zwanzig Jahre weiterzumachen? „Man weiß nie, was passiert. Im Prinzip: Ja, ich bin dem allem hier sehr verbunden", sagt er so überzeugend, dass Zweifel nicht angebracht sind. Aber abgesehen von dieser äußeren Beständigkeit ist Michael Elias rührig wie eh und je, immer bereit, sich und andere voranzubringen.

Michael Elias (* 1970) leitet seit 2011 die Sekundarstufe und ist Vater von zwei Kindern, die beide in der Montessori-Einrichtung sind.

Jakob Müller
„Die Zeit hier war schön, aber ich vermisse die Schule nicht"

„Die Schule habe ich vor drei Jahren verlassen, um auf ein großes Gymnasium hier in der Gegend zu wechseln. Der Grund lag vor allem darin, dass die Sekundarstufe noch nicht so richtig ausgebaut und auch unklar war, ob das überhaupt bis ganz nach oben gehen würde. Da ich Abitur machen und vielleicht Ingenieur werden möchte, haben meine Eltern damals entschieden, lieber gleich auf Nummer sicher zu gehen und nach der vierten Klasse auf ein Gymnasium zu wechseln.

Der Übergang ist mir nicht schwergefallen, weil in der fünften Klasse ja alle Kinder neu anfangen, da bin ich nicht größer aufgefallen. Der Lernrhythmus war zuerst schon eine Umstellung für mich, dann

plötzlich mit festen Unterrichtsstunden, Arbeiten und Noten. Aber die Phase hat nicht lange gedauert; ich bin sehr gut reingekommen. Inzwischen habe ich mich total daran gewöhnt. Selbst an die Massen von Leuten auf dem Pausenhof – viele Hundert, davor waren es nur so ein paar Dutzend – habe ich mich inzwischen gewöhnt.

Ich glaube auch, dass man auf dem Gymnasium nicht so leicht mit Sachen davonkommen kann, auf die man keine Lust hat. Auf der Montessori-Schule kann man Dinge auch einfach auslassen, vor allem wenn man Lehrer hat, die nicht darauf achten. Hängt sehr von den Lernbegleitern ab, ob sie einen auf Schwächen hinweisen. Manche machen das ausführlich, andere eher nicht. So können Lücken entstehen, und man merkt es erst sehr viel später bei den Prüfungen. Das kann auf dem Gymnasium nicht so leicht passieren, wegen der Kontrollen und Tests und so.

Ein Nachteil der Montessori-Schule ist auch die finanzielle Seite. Das Ganze ist doch ziemlich teuer. Viele können sich das nicht leisten. Öffentliche Schulen dagegen kosten gar nichts. Ich bereue nicht, meine Grundschuljahre dort verbracht zu haben. Die Zeit auf der Montessori-Schule war schön, ich habe sie total genossen, vor allem die größere Freiheit, der nette Umgang und das angenehme Arbeitsklima. Die Schule hat mir auch sehr geholfen, weil ich damals noch ein bisschen schüchtern war. Aber heute bin ich zufrieden auf dem Gymnasium; ich vermisse die Montessori-Schule nicht wirklich, schon weil fast alle meine Freunde damals auch weggegangen sind."

Jakob Müller (* 2002) war zwischen 2008 und 2012 auf der Montessori-Schule.

Janick Schorn
„Viele Leute verstehen das Konzept der Schule nicht"

„Viele Leute haben Vorurteile gegenüber unserer Schule. Diese Erfahrung mache ich immer wieder. Die verstehen das Konzept nicht, können nicht nachvollziehen, dass wir keine Arbeiten schreiben und keine Noten bekommen. Manchmal höre ich sogar die Aussage, dies sei eine Behindertenschule oder so was, etwas für Kinder, die es anderswo nicht schaffen. Das ist Blödsinn. Wir lernen einfach anders, mehr freiwillig. Natürlich nicht immer. Manchmal brauchen wir auch einen kleinen Anstoß vom

Lehrer, aber das Lernprinzip ist halt ein völlig anderes. Dass wir viel mehr Freiheiten haben, bedeutet nicht, dass wir nichts tun. Wenn wir zum Beispiel eine Projektabgabe haben, kann es gut sein, dass wir über Tage hinweg bis spät in die Nacht schuften. Nur weil wir uns anders organisieren, heißt das noch lange nicht, dass hier nichts gelernt wird.

Mir jedenfalls gefällt der Ansatz; ich habe meine gesamte Schulzeit hier zugebracht, denn meine Mutter gehört zu den Gründerinnen, und eigentlich habe ich nie etwas vermisst. Ich finde die Schule einfach entspannt. Und das beziehe ich nicht nur darauf, dass wir für unseren Kram selber zuständig und unseres eigenen Glückes Schmied sind. Sondern die ganze Atmosphäre ist gut. Wir kennen hier auch keine offene Gewalt. Natürlich gibt es Ärger, auch mal Aggressionen, das ist normal. Oder Schüler durchlaufen gerade eine merkwürdige Phase und verhalten sich entsprechend, auch das ist normal. Aber hier wurde noch nie jemand zusammengeschlagen oder so richtig weggemobbt. Würde sogar sagen, dass es bei uns keine Außenseiter gibt. Manche machen weniger mit ihren Mitschülern als andere, aber dass jemand so komplett ausgeschlossen ist aus der Gemeinschaft, habe ich noch nicht erlebt.

Auch mit den Lehrern ist es entspannt. Alles sehr locker und häufig sogar lustig. Manche stört es, dass wir selten Lehrerwechsel haben. Mir gefällt das eher, weil ich mich dann auf eine Person einstellen kann. Dann weiß ich, woran ich bin. Ich finde es insgesamt sehr angenehm hier. Kann mir gut vorstellen, diese Umgangsformen in meinen späteren Beruf mitzunehmen. Ich möchte nämlich was Soziales machen, vielleicht als Erzieher in einem Kindergarten arbeiten, mal sehen."

Janick Schorn (* 1999), seit 2006 auf der Montessori-Schule.

Christina Hock
**„Manchmal würde ich gerne
woanders reinschnuppern"**

„Viele halten das hier für eine komische Schule, schon weil die Klassen sieben bis zehn zusammen unterrichtet werden. Für Außenstehende ist das wohl merkwürdig oder sogar verwirrend. Selbst meine Schwester, die auf einer Fachoberschule ist, sagt das manchmal. Aber ich bin anderer Meinung. Ich finde es toll hier. Alles ist so offen und verständnisvoll. Damit meine ich nicht nur den Umgang der Leute untereinander, sondern auch das Lernen generell. Der Stoff wird so vermittelt, dass er zu verstehen ist. Und falls mal jemand nicht mitkommt oder eine Frage hat, auch kein Problem. So was wird nicht abgeblockt wie anderswo, sondern die Lehrer gehen auf die Fragen ein und versuchen alles so lange zu erklären, bis es verstanden worden ist. Jeder kann sich immer melden, das ist ganz normal hier.

Überhaupt sind wir wie eine große Familie. Wir machen so viel zusammen und verbringen so viel Zeit miteinander, das verbindet. In einer öffentlichen Schule sitzt man halt nebeneinander. Das war's dann meist schon. Aber hier arbeiten wir ja auch viel miteinander in Projekten, dadurch kommt man sich automatisch näher. Selbst Schülerinnen und Schüler, mit denen man nicht dick befreundet ist, werden einem irgendwann vertraut. Das ist schon etwas Besonderes hier.

Manchmal bin ich neugierig, würde gerne mal woanders reinschnuppern und sehen, wie es dort so zugeht. Wie es so ist, still zu sitzen und nach vorne zu schauen, dem Lehrer einfach so zuzuhören. Oder wie es sich anfühlt, jeden Tag Hausaufgaben zu bekommen, Klassenarbeiten zu schreiben und Noten zu kriegen. Ich habe ja keine Ahnung davon, bin direkt nach dem Kindergarten auf die Montessori-Schule gekommen und seitdem hier. Das mit dem Sitzen, Nachvorneschauen und den ganzen Unterricht dort kenne ich nicht. Würde einfach gerne mal ausprobieren, wie sich das anfühlt. Nicht weil ich mich nach etwas Neuem sehne, sondern wirklich nur aus Neugier. Und auch nur für eine Woche oder so. Im Prinzip bin ich total glücklich hier.

Ich mag einfach dieses selbstbestimmte Lernen. Entscheiden zu können, ob ich jetzt Deutsch oder Mathe mache, das ist schon fantastisch. Aber ich weiß auch, dass nicht jeder dafür geeignet ist. Man braucht ein bisschen Disziplin. Das habe ich an mir selbst gemerkt. Deutsch ist nicht so mein Lieblingsfach; das habe ich vielleicht ein bisschen schleifen lassen. Jetzt muss ich das nachholen und strenge mich dafür an. Die Lehrer sagen einem dann, wo man sich noch verbessern muss. Die meisten Schüler nehmen das ernst, spätestens in der neunten Klasse, weil sie am Ende keine schlechten Noten kassieren wollen. Wir wollen alle den Übergang schaffen, ich auch. Denn ich möchte Sozialpädagogin werden und dafür muss ich auf eine Fachoberschule für Sozialwesen."

Christina Hock (* 2000), seit 2006 auf der Montessori-Schule.

Katharina Hehl
„Heute sind wir noch überzeugter"

Familie Hehl lebt die Montessori-Idee besonders intensiv aus: Eigentlich kam sie eher zufällig dazu; weder Katharina Hehl noch ihr Mann hatten alternative Schulen besucht, sondern das herkömmliche Programm aus Gymnasium und Studium absolviert. Mit Montessori hatten sie sich ihr Leben lang nicht beschäftigt. Den Zugang bekamen sie, als sie von der Freien Montessori Schule in Altenhaßlau hörten. Nachdem sich ihr Sohn in der Grundschule am Ort nicht wohlfühlte, nahmen sie die Chance eines Schnuppertermins war; Julian gefiel es auf Anhieb. Also entschied man sich zum Wechsel, allerdings gleich beider Jungs; „der Jüngere verbrachte sein letztes Kindergartenjahr im Kinderhaus, bevor auch er mit der Schule begann".

„Die Entscheidung für die Montessori-Pädagogik war die richtige", sagt Katharina Hehl im Rückblick.

Sie findet, ihre Kinder hätten eine gute Entwicklung genommen und seien zu eigenständigen und authentischen Persönlichkeiten herangereift. „Ich weiß nicht, ob das in der Regelschule so möglich gewesen wäre."

Dass die Jungs nach der Grundschule lückenlos mit der Sekundarstufe weitermachen sollten, statt – wie andere – aufs Gymnasium zu wechseln, war für Familie Hehl deshalb keine Frage. Als dann einer der Lernbegleiter dort das Thema Farmschool in Ohio ins Spiel brachte, „DIE renommierte Montessori-Schule, auf der einige der Lernbegleiter ihre AMI-Ausbildung gemacht haben", war der ältere Sohn nicht mehr zu bremsen. „Julian war sofort entschlossen." Und obwohl beide Eltern „auslandsaffin" sind, wie Katharina Hehl sagt, beide während der Ausbildung gründlich die Welt erkundet hatten, „mussten wir doch erst mal schlucken". Mit 13 für ein Jahr ins Ausland? Das schien dem Ehepaar trotz aller Sympathien doch ein bisschen früh.

Aber das Auslandsjahr war aus dem Kopf des Teen-

agers nicht mehr herauszukriegen. Also entließen ihn seine Eltern schweren Herzens in das tausende Kilometer entfernte Internat in Ohio. „Es hat ihm dort so gut gefallen, dass er bis zum erfolgreichen Abschluss der Middle School blieb." Dem einen Jahr folgte also ein weiteres und dem ersten Sohn der zweite, so dass die Hehls zwar noch tiefer in die Montessori-Pädagogik eintauchten, aber plötzlich – und vor der üblichen Zeit – auch einen kinderlosen Haushalt hatten. „Das war schon eine Umstellung für uns, aber wir haben gesehen, wie zufrieden, ausgeglichen und souverän die beiden dort sind und standen deshalb einhundert Prozent hinter dem frühen Auslandsaufenthalt." Der erste Sohn ist inzwischen wieder zurück und bereitet derzeit seinen Realschulabschluss in der Montessori-Schule vor. Der zweite hat um ein Jahr verlängert, um dann ebenfalls wieder hier einzusteigen.

„Ich finde die Schule dort beeindruckend", schwärmt Katharina Hehl, die ihre Söhne mehrfach in den Vereinigten Staaten besucht hat. Sie bewirtschaften

neben dem normalen Schulbetrieb die Farm und fahren Trecker, versorgen Hühner, Ziegen und Kühe, bauen Gemüse an und müssen sich zudem um den gesamten wirtschaftlichen Prozess, den Verkauf, Vertrieb und die Buchführung kümmern. „Die Mischung aus körperlicher und geistiger Arbeit unterstützt unsere Kinder in ihrem derzeitigen Reifeprozess", sagt die Mutter und findet die Kombination aus Montessori-Schule hier und Internat dort besonders gewinnend, weil sich die beiden Institutionen gut ergänzen. Die doppelte Entscheidung für Montessori würde sie jederzeit wieder treffen. „Ich wünschte mir, ich hätte auch so lernen dürfen. Und ich wünschte mir, wir hätten beide Söhne von Anfang an hierher geschickt."

Katharina Hehl (* 1970) ist Betriebswirtin und Mutter von zwei Söhnen, die nicht nur in Deutschland auf der Montessori-Schule waren, sondern jeweils auch zwei Jahre in der Farmschool in Ohio zugebracht haben bzw. zubringen.

Überzeugung, die stark macht

Der Ratschlag für den Nachhauseweg

Es war an einem Samstagvormittag als uns der Wirtschaftsprüfer über die Ergebnisse seiner Buchprüfung informierte. Er offenbarte uns eine Situation, die wir so niemals erwartet hätten. Die Finanzsituation der Schule war desaströs. Darlehen waren fällig und mussten zurückgezahlt werden, offene Rechnungen konnten nicht bezahlt werden und um weiter existieren zu können, brauchten wir frisches Geld. Zu diesem Zeitpunkt war Manuela zwar keine Geschäftsführerin mehr, aber ihre Mehrheitsgesellschaftsanteile hatte sie noch. „Verkaufen Sie Ihre Anteile. Nehmen Sie Ihre Beine in die Hand und laufen Sie so weit weg, wie Sie nur können!" – Das war der Ratschlag, den der Wirtschaftsprüfer Susen und mir mit auf den Nachhauseweg gab.

Den Nachmittag in seinem Büro und seine Worte werden wir alle wohl niemals vergessen. Schweigend fuhren wir den Weg aus Frankfurt zurück nach Gelnhausen. Es fehlten die Worte und wir waren in einer Art Schockzustand. Schweigend gingen wir in ein Café und setzen uns gemeinsam auf ein Bänkchen. Langsam fanden wir unsere Sprache wieder. Wir waren erschüttert und sauer und wir fragten uns, was wir nun machen sollten. Wir mussten uns entscheiden.

Sollen wir unsere Anteile an Manuela verkaufen? Damit gehen wir das Risiko ein, dass – wenn es Manuela nicht gelingen würde, frisches Geld zu bekommen und die Bank das Darlehen nicht verlängern würde – Kinderhaus und Schulen aus finanziellen Gründen geschlossen werden müssen. Oder sollen wir das Risiko eingehen, Manuelas Anteile zu erwerben und alles daran setzen, die wirtschaftliche Situation der Schule zu stabilisieren?

Es folgten lange Gespräche untereinander und in unseren Familien.

Ich hatte das Gefühl, wenn ich nun aufgebe, dann lasse ich das pädagogische Team, die Kinder und die Eltern im Stich. Wenn ich nicht meine ganze Kraft daran setze, die Arbeit fortzusetzen, war alles bisher Geleistete umsonst. Mit dieser Vorstellung wollte ich nicht leben. So entschied ich mich weiterzumachen. Susen traf die gleiche Entscheidung. Gemeinsam krempelten wir die Ärmel hoch und packten an. Es wartete viel, viel Arbeit auf uns.

Wir gingen volles Risiko ein und kauften im Dezember 2011 Manuelas Anteile. Nun hatte jede von uns gleichwertig 50 Prozent der Anteile und wir beschlossen auch, beide zu gleichen Teilen in die Verantwortung zu gehen und die Geschäfte der gemeinnützigen GmbH zu führen. Wir sind gleichwertige Partnerinnen. Zukünftig müssen nur wir beide uns einig sein. Wir wollten keine weiteren Gesellschafter und keine externe Geschäftsführung. Wir hatten mittlerweile so viel Erfahrung, dass wir genau wussten, was Kinderhaus und Schulen brauchen, um erfolgreich arbeiten zu können.

Das Ziel: der belastbare Businessplan

Unser erstes Ziel war es, uns einen Überblick über alle Einnahmen und Ausgaben zu verschaffen und einen belastbaren Finanzierungsplan für die nächsten drei bis fünf Jahre auszuarbeiten. Da es nur eine Übergabe des Notwendigsten gab, mussten wir uns in dieser finanziell sehr schwierigen Situation alle Informationen aus den uns übergebenen Ordnern und Unterlagen zusammensuchen.

Susen und ich kennen unsere Stärken, aber auch unsere Grenzen, und es war uns klar, dass wir für das Arbeitsgebiet Finanzierung kompetente Unterstützung brauchen würden. Wir stellten eine Assistentin ein. Kathrin Ickes brachte als Bankkauffrau und Bankbetriebswirtin genau das benötigte professionelle Know-how mit.

Wir übergaben die Buchhaltung an ein Steuerbüro, das gemeinsam mit uns Schritt für Schritt Ordnung und System in die vorgefundenen Unterlagen brachte. Parallel zur Sichtung der Unterlagen und Strukturierung der Ist-Situation entwarfen wir gemeinsam mit einem – ehrenamtlich für uns tätigen – Controller einen Finanzierungsplan. Wir saßen bis spät in die Nacht zusammen. Gemeinsam durchforsteten wir das Dickicht der Einnahmen und Ausgaben, um eine belastbare finanzielle Zukunft zu erarbeiten.

Tagsüber bewältigten wir den recht chaotischen Verwaltungsalltag dieser Zeit. 20.000 Euro offene Rechnungen bedeuteten zahlreiche Telefonate, in denen wir den Gläubigern erklärten, dass es einen Wechsel in unserer Geschäftsführung gegeben hatte und wir deshalb um Zahlungsaufschub bitten mussten. Viele waren froh, dass wir uns direkt und persönlich bei ihnen meldeten und gewährten uns die Zeit, um die wir gebeten hatten.

Fast täglich erreichten uns Hiobsbotschaften und stellten uns vor neue Herausforderungen. Unvergessen ist ein Erlebnis, das Susen, Kathrin und ich uns immer wieder – mittlerweile lachend – erzählen. Es war in ihrer ersten Arbeitswoche, Kathrin saß am Schreibtisch unseres gemeinsamen Büros und arbeitete sich langsam durch die vorhandenen Unterlagen. Sie ist eine erfahrene, gut strukturierte und sehr gewissenhafte Bankbetriebswirtin und hat vor ihrer Tätigkeit in unserem Haus für große Banken gearbeitet. Susen und ich hatten einen Termin mit unserem Rechtsanwalt. Wir waren nebenan, im Englischraum der Schule, da dort gerade kein Unterricht stattfand und wir einen ruhigen Raum zur Besprechung brauchten. Plötzlich klopfte Kathrin an unsere Tür und hinter ihr stand ein Mann mit einer roten Schildkappe. Wir erkannten sofort, dass Kathrin irritiert und verunsichert war. „Hier ist ein Gerichtsvollzieher", sagte sie mit leiser Stimme und großen Augen. Ein kurzer Moment der Stille. Susen und ich schauten uns an. Wir hatten in den vergangenen Wochen schon einige Überraschungen erlebt und waren auf alles gefasst. „Er soll hier herein kommen, ich bin ja sowieso gerade da!", sagte unser Rechtsanwalt lässig. Glücklicherweise stellte sich heraus, dass der Gerichtsvollzieher irrtümlich gekommen war, da wir diese offene Rechnung bereits bezahlt hatten, die Information jedoch nicht an ihn weitergeben worden war. Nach dem Schreckmoment folgte große Erleichterung. Zu den ohnehin schon großen Außenständen kam kein weiterer hinzu.

Transparenz – das einzige Mittel der Wahl

Von Beginn an haben Susen und ich entschieden, offen und ehrlich zu den Mitarbeiterinnen, Mitarbeitern und zu den Eltern zu sein. Wir gingen stets soweit, wie wir es verantworten konnten, und informierten regelmäßig und transparent über unsere Geschäftsführungstätigkeiten. Aus dieser Zeit stammt das wöchentliche Leitungsmeeting – in dem Kinderhaus-, Grund- und Sekundarschulleitungen, Susen und ich uns gegenseitig informieren, austauschen und koordinieren. Auch das regelmäßige informelle Treffen mit den Elternbeiräten

stammt aus dieser Zeit und ist bis heute ein wichtiger Kommunikationsknotenpunkt.

Wir mussten die Mitarbeiterinnen und Mitarbeiter mit der finanziell belasteten Situation konfrontieren und wir sind ihnen bis heute noch sehr dankbar, dass sie uns durch diese Situation mitgetragen haben. Beispielsweise mussten wir – als Sofortmaßnahme – das Weihnachtsgeld streichen, um eine Zahlungsunfähigkeit abzuwenden. Weihnachtsgeld hatten wir seit 2006 regelmäßig gezahlt und sicher hatten schon einige Mitarbeiter dies in ihr privates Budget eingeplant. Zweimal konnten wir die Löhne nicht am Monatsende, sondern erst am Anfang des nächsten Monats zahlen. Ohne die Solidarität und Unterstützung des Teams hätten wir die Situation nicht meistern können.

Unsere Finanzsituation so zu gestalten, dass sie belastbar ist, stellte sich als große Herausforderung dar. Wir hatten die Sekundarschule im August 2011 eröffnet, da unsere Schülerinnen und Schüler aus der Grundschule herausgewachsen waren und eine weiterführende Schule benötigten. Aber eigentlich hätten wir dies gar nicht tun dürfen: Für den Aufbau eines neuen Schulzweiges war damals nicht genügend Kapital vorhanden. Doch die Sekundarschule war gegründet und brauchte Räume, da im Sommer 2012 schon der zweite Jahrgang bereit sein würde, in die Sekundarschule zu wechseln.

Expandieren oder erst einmal konsolidieren?

Sollten wir die Sekundarschule groß planen, mit großen Schülerzahlen und einem neuen Gebäude – und versuchen, Investoren zu finden? Diese Idee schien uns in der vorgefundenen Situation völlig abwegig. Das würde das Gesamtsystem vollkommen

Tatjana Müller-Neugebauer
„Das größte Problem ist die Sache mit dem Abitur"

Die Müller-Neugebauers haben klare Ziele: Sie möchten, dass ihre drei Kinder Abitur machen. Auf der Montessori-Schule ist das derzeit nicht möglich. Und genau das war der Hauptgrund, warum der älteste Sohn nach der Grundschule auf das örtliche Gymnasium wechselte. Aber es war nicht der einzige, eine Rolle spielte auch das Durcheinander an der Montessori-Schule zu jener Zeit: „Damals ging es sehr turbulent hier zu", erzählt Tatjana Müller-Neugebauer. „Die eine Lernbegleiterin wurde krank, die andere schwanger. Die Lücke wurde dann mit Aushilfskräften und Praktikanten unterschiedlichster Art und Güte gefüllt. Wir waren hoch unzufrieden." Die Klasse sei in der Zeit immer unruhiger geworden, die Kinder hätten viel Unsinn getrieben, das Konzept habe einfach nicht mehr gegriffen. „Das war für uns ein emotional sehr aufwühlendes Jahr, zumal wir nicht wussten, ob die Schule überhaupt weiter bestehen würde." Vor dem Hintergrund dieser Ereignisse und das Abitur als Fernziel weiterhin vor Augen, entschieden sich die Eltern für einen Schnitt – zunächst sogar gegen den Willen des Kindes.

„Wir hatten eine Rückkehroption und fragten unseren Sohn nach einigen Wochen, ob er an seine alte Schule zurück wolle. Zu dem Zeitpunkt war dann bereits klar, dass die Einrichtung weiterbestehen würde. Aber er wollte nicht; er hatte sich auf der neuen Schule schnell eingefunden und ist heute zufrieden damit." Die wenige Jahre jüngere Tochter folgte seinem Beispiel; auch sie wechselte nach der vierten Klasse aufs Gymnasium. „Das war ihre Entscheidung, nicht primär unsere. Wir hatten dieses Mal sogar Sympathien fürs Bleiben. Aber unsere

Tochter war wild entschlossen." Weil ihre beste Freundin wegging – und weil sie mit dem großen Bruder gleichziehen wollte. Auch das zweite Kind hatte beim Übergang keine Probleme, beide fühlen sich wohl auf dieser größeren und konventionelleren Schule. Beim dritten Kind ist die Familie noch unentschlossen. „Eigentlich hat sich das Muster bewährt", urteilt Tatjana Müller-Neugebauer. „Beide hatten keinerlei Umstiegsschwierigkeiten."

Aber die Unzufriedenheit der Eltern mit dem Gymnasium wächst. Und das, obwohl das Ehepaar einst selbst auf dieser Schule Abitur gemacht und schöne Erinnerungen an diese Zeit hat. „Seither hat sich viel geändert. Unsere Kinder haben oft von sechs Stunden vier Vertretung und häufig genug dürfen sie in der Zeit einfach mit ihren Handys spielen", erzählt sie missbilligend. Es gebe dort auch gute Lehrer, die wirkliches Interesse an ihren Schülern hätten und sehr engagiert arbeiteten. „Aber das ist die Ausnahme. Ich sehe auffällig wenige Lehrer, die den Beruf als Berufung betrachten und gerne mit Jugendlichen zusammen sind. Viele spulen einfach nur ihren Job ab." Genau darin sieht sie auch den Hauptunterschied zur Montessori-Schule. Die meisten Lernbegleiter seien mit Feuereifer bei der Sache und achteten auf jedes einzelne Kind. „Wenn sie ihre Rolle ausfüllen, können sich die Kinder sehr gut entwickeln und richtig entfalten. Aber wir haben leider auch gesehen, was passiert, wenn das nicht so ist, damals bei unserem ältesten Sohn. Zum Glück hat sich die Lage in der Montessori-Schule wieder beruhigt."

Besonders schätzt sie die Kommunikation im Haus. Es gebe keine doppeldeutigen Botschaften, sondern klare, dabei stets freundliche und wohlwollende Ansagen. „Dinge werden mit Bestimmtheit gesagt, aber nie unfreundlich, abwertend oder druckvoll, im Sinne von Angst machend." Ob man in diesem behüteten

Umfeld vielleicht auch ein bisschen zu viel ums Kind zirkelt? Die Frage verneint die Mutter: „Die schaffen in der Regel keine Egomanen, weil es eine Gemeinschaft gibt, die einen hohen Stellenwert hat. Alles, was der Gemeinschaft nicht nutzt oder sogar schadet, ist auch sanktioniert."

Alles in allem haben die Müller-Neugebauers inzwischen eine eindeutige Präferenz für die Montessori-Schule. Sie schätzen nicht nur den Ton, sondern auch das selbstständige Arbeiten und die Zeit, die man den Kindern für einzelne Entwicklungsschritte lässt. Eigentlich prima, wäre da nicht die Sache mit dem Abitur. „Wie gut sind die nach der Sekundarstufe wirklich vorbereitet? Haben sie auch das nötige Wissen in Fächern wie Physik und Chemie?" Diese Fragen beschäftigen die Familie, gerade auch im Hinblick auf den dritten Sohn, der ein Forschertyp ist und Mathematiker oder Chemiker werden möchte. Keine Chance, diesen Traum zu verwirklichen ohne Abitur. „Wir werden deshalb sehr genau beobachten, wie die ersten Jahrgänge abgehen und den Wechsel in die Oberstufe bewältigen", sagt Tatjana Müller-Neugebauer. „Und dann entscheiden." Am liebsten wäre ihr, genau wie manch anderen Eltern der Montessori-Schule, wenn es doch noch gelänge, eine Oberstufe einzurichten – und zwar rechtzeitig für ihren jüngsten Sohn. „Das wäre großartig."

Dr. Tatjana Müller-Neugebauer (* 1968) ist Ärztin und hat drei Kinder, die alle auf der Montessori-Schule waren bzw. sind; die beiden älteren haben nach der vierten Klasse auf ein Gymnasium gewechselt, das jüngere geht noch in die Grundschule.

überfordern. Susen und ich wollten die Situation konsolidieren, das System von innen heraus stabilisieren und erst dann langsam weiter wachsen und ausbauen. Erst einmal sollte Ruhe einkehren, damit alle wieder zu Kräften kommen konnten.

Besonders wichtig war uns, dass die Verwaltungsstrukturen nicht weiter auf Gefälligkeiten und Eh-

renamt beruhen. Kinderhaus und Schulen sollte zukünftig professionell und solide aufgestellt sein. Nur eine klare, stabile Führung kann den Pädagogen die notwendige Sicherheit und Energie für ihre anspruchsvolle Arbeit bieten.

Susen und ich hatten manche Momente der Erschöpfung und es flossen einige Tränen – „Sie wollen doch nur eine Schule machen!" – merkte unser Berater bei unseren abendlichen Treffen immer wieder an. Schließlich hatten wir tatsächlich einen Plan: einen Plan, der aus der akuten Notsituation herausführen konnte und der eine realistische Perspektive für die kommenden Jahre bot. Von diesem Plan mussten wir nun noch die Verantwortlichen der Bank überzeugen.

Alles oder nichts: der Banktermin

Wir vereinbarten einen Termin mit der Bank, um auf der Basis unseres Finanzplans die Verlängerung und Aufstockung des bereits seit Oktober 2011 fälligen Darlehens zu beantragen. Von diesem Termin hing alles ab, denn unsere bisherige Hausbank hatte uns bereits signalisiert, dass sie dieser gemeinnützigen GmbH kein neues Darlehen mehr gewähren wollte. Aus ihrer Erfahrung heraus schätzte auch Kathrin unsere Chancen, frisches Geld zu bekommen, als gegen null gehend ein.

Geplant war, dass Susen, Kathrin, zwei Vertreterinnen aus der Elternschaft und ich bei diesem Banktermin anwesend sein würden. Die Situation war sehr angespannt – unsere Nerven lagen blank, in den vergangenen Wochen hatten wir Tag und Nacht gearbeitet. Der Druck war groß und mein Immunsystem hielt nicht mehr stand. Ich bekam eine starke Erkältung, lag im Bett, war nicht fähig aufzustehen und konnte bei diesem wichtigen Termin nicht dabei sein. Susen konnte vor lauter Anspannung die Nacht vor dem Banktermin kein Auge schließen und hatte vor Verzweiflung – gefühlt – die gesamte Nacht geweint.

Mit verquollenen Augen und in einem tranceähnlichen Zustand traf sie sich mit Kathrin und den beiden Eltern am Bahnhof, um mit dem Zug nach Frankfurt zu fahren. Alle waren sehr aufgeregt.

Trotz meiner Krankheit fand ich keine Ruhe. Ich wälzte mich in meinem Bett hin und her, schaute ständig auf die Uhr. Die Zeit verging im Schneckentempo. Nach einer Stunde versuchte ich, Susen das erste Mal anzurufen. Ich musste es mehrere Male versuchen, bis ich sie endlich erreichte. Susen stand völlig neben sich. Sie war nicht in der Lage, mir zu sagen, ob der Termin gut gelaufen war oder nicht. Sie wusste nichts mehr. Sie war von der ganzen Aufregung so erschöpft, dass sie kein Gefühl für die Situation mehr hatte. Schließlich ließ ich mir Kathrin an den Apparat geben. Sie sagte mir, dass alles gut gelaufen sei und wir auf der Grundlage des erarbeiteten Finanzierungsplans das Darlehen um weitere fünf Jahre verlängern könnten und die dringend notwendige Aufstockung bekämen. Zur Besicherung müssten Susen und ich einen Eigenanteil einbringen und wir brauchen 60 Eltern-Bürgschaften. Erschöpft und erleichtert sank ich in meine Kissen. Ein wichtiger Rettungsschritt war getan.

Der Elternabend – Februar 2012

Auf der Basis des erarbeiteten Finanzplans erstellten wir eine neue Gebührenordnung und planten, sie an einem Gesamtelternabend für alle Eltern in Kinderhaus, Grundschule und Sekundarschule vorzustellen.

Die Themen dieses geplanten Elternabends hatten es in sich. Das, was nun vor uns lag, übertraf alle Herausforderungen, die wir bis dahin gemeistert hatten. Die Gestaltung des Schulhofes, die Einführung der Jahrgangsmischung 6–12 oder die Amtsniederlegung der ehemaligen Geschäftsführung – all das erschien uns rückblickend wie leicht zu überwindende Hindernisse auf einer mittelschweren Wanderung. Das, was nun vor uns lag, war schon ein besonders großer Brocken.

Um die Situation zu konsolidieren, hatten wir – neben einer Schulgelderhöhung – entschieden, dass wir die Grundschule, die zu dieser Zeit aus drei Klassen bestand, nur noch zweizügig weiterführen würden. Die bestehende Klasse der Erdbeerfrösche sollte aufgelöst und die Kinder auf die zwei anderen Klassen verteilt werden. Diese Entscheidung war richtig und notwendig und gleichzeitig die schwierigste. Gemeinsam mit dem pädagogischen Team vereinbarten wir, dass die Schülerinnen und Schüler der Erdbeerfroschklasse sich aussuchen dürften, in welche Klasse sie gehen wollten. Die Wüstenmäuse entschlossen sich sogar, dass sie sich umbenennen und gemeinsam mit den ehemaligen Erdbeerfröschen einen neuen Klassennamen finden würden – eine sehr schöne Willkommensgeste an die Kinder.

Eine weitere Entscheidung zur Konsolidierung der finanziellen Situation war, dass die Sekundarschule bis auf Weiteres in den momentanen Räumlichkeiten bleiben würde; einen zweiten Schulstandort würden wir nicht suchen.

Damit die Eltern Zeit hatten, sich über die veränderten Voraussetzungen auszutauschen und sich neu für die Schule zu entscheiden, räumten wir allen Eltern der Schulgemeinschaft ein verlängertes Kündigungsrecht ein. Sie sollten die Möglichkeit haben, die Situation der Schule unter den geänder-

ten Bedingungen zu beobachten und zu entscheiden, ob sie uns ihre Kinder weiterhin anvertrauen oder ob sie einen anderen Weg gehen wollten.

Die folgenschwerste Botschaft an die Eltern war jedoch, dass wir für den Fortbestand von Kinderhaus, Grundschule und Sekundarschule insgesamt von 60 Eltern Bürgschaften benötigten – also 60 Menschen, die uns ihr Vertrauen schenken, dass wir die Krise meistern würden. Wie sollten wir diese Botschaft an fast 100 Erwachsene kommunizieren? An Eltern, die uns bisher vertraut hatten und die wir nun mit Schulgelderhöhung, Auflösung einer Klasse und der bedrohlichen Finanzsituation konfrontieren mussten?

Wir brauchten einen außenstehenden Moderator. Gemeinsam mit ihm planten wir drei rotierende Informationskreise. In den kleinen thematischen Kreisen sollte den Eltern, neben der Informationsvermittlung, die Möglichkeit gegeben werden, alle ihre Fragen stellen zu können – sodass sie genügend Raum zum Austausch und zum Äußern ihrer Sorgen und Ängste haben würden.

Die Elternbeiräte von Kinderhaus, Grund- und Sekundarschule hatten wir bereits bei einem Treffen im Vorfeld über alle thematischen Inhalte des bevorstehenden Abends informiert. Die Fragen, Anmerkungen und Anregungen in diesen Treffen sind für Susen und mich stets fundamental und ein wesentlicher Bestandteil unserer Arbeit gewesen. Bei diesem Treffen mussten wir die Elternvertreter ausnahmsweise um absolutes Stillschweigen bitten und wir sind bis heute sehr dankbar für die tolle Unterstützung der damaligen Beiräte. Mit einer E-Mail luden wir alle Eltern zum ge-

meinsamen Elternabend ein und machten in unserer Einladung die Dringlichkeit deutlich. Es war uns wichtig, dass möglichst alle Eltern der Schulgemeinschaft die Neuigkeiten direkt von uns persönlich erfahren und nicht von Erzählungen Dritter. Wir hatten einen entsprechend großen Raum angemietet, da wir die zu erwartende Anzahl an Eltern unserer Schulgemeinschaft in den Räumen der Schule nicht mehr unterbringen konnten.

An diesem wichtigen Tag im Februar fing es bereits morgens an zu schneien und es hörte auch über den Tag nicht mehr auf. Susen war schon am Vortag erkrankt und es zeichnete sich ab, dass sie den Abend nicht begleiten konnte. Diesmal lag sie krank im Bett, unfähig aufzustehen. Am Nachmittag rief mich dann Kathrin an und informierte mich darüber, dass sie versucht habe zu kommen, doch die Schneeverhältnisse hatten sich so extrem gestaltet, dass sie mit ihrem Auto nicht vorangekommen war.

Es blieb mir also nichts anderes übrig, als den Abend ohne Susen und Kathrin zu meistern. Ich musste Sabine und Miriam bitten, den Informationskreis „Auflösung der Erdbeerfrösche" zu übernehmen – obwohl beide im Vorfeld darum gebeten hatten, dies nicht tun zu müssen. Leider blieb in dieser Situation keine andere Wahl, schließlich konnte den Infokreis über die neue Struktur der Gesellschaft, die Änderung der Gebührenordnung und die benötigten Elternbürgschaften nur ich – gemeinsam mit unserem Rechtsbeistand – übernehmen.

Reden vor vielen Menschen fällt mir sehr schwer und kostet mich jedes Mal von Neuem Überwin-

Marie-Christin Hassler
„Schade, dass man hier nicht Abitur machen kann"

„Meine Zeit auf der Montessori-Schule liegt schon eine Weile zurück. Ich habe die ersten vier Jahre hier verbracht und dann die Schule gewechselt. Heute bin ich auf einem ‚normalen' Gymnasium und gehe in die neunte Klasse. Ich habe gewechselt, weil ich Abi machen möchte und wir es besser fanden, dann gleich zur fünften zu gehen. Ohne Abitur hat man einfach zu viele Nachteile in seinem weiteren Lebensweg. Die Entscheidung halte ich auch immer noch für richtig, aber der Übergang ist mir nicht leicht gefallen. Heute komme ich gut zurecht, doch am Anfang hatte ich schon ein bisschen zu kämpfen. Ich kannte ja keine Zeugnisse, keine Klas-

senarbeiten, auch Sitzenbleiben gibt es so in der Montessori-Schule nicht. Außerdem hat man hier keine festen Klassen, sondern altersübergreifendes Lernen. Und ich kannte so gut wie niemanden in meiner neuen Klasse. Das waren ganz schön viele Dinge auf einmal, die ich in kurzer Zeit bewältigen musste. Wir hatten uns schon vorher darauf eingestellt, dass es nicht so einfach werden würde, deshalb habe ich in der vierten Klasse immer schon zu Hause ein bisschen gelernt, aber die Realität war dann noch mal anders.

Heute bin ich froh, dass ich beides kenne. Meine Grundschulzeit hier war toll, weil wir so netten Kontakt innerhalb der Schülerschaft und auch zu den Lehrern hatten. Wir wussten viel voneinander; als zum Beispiel eine Lehrerin geheiratet hat, war ich sogar auf ihrer Hochzeit. Das würde es auf meiner jetzigen Schule nie geben. Die Leute kümmern sich hier ganz anders umeinander. Man geht achtsam und respektvoll miteinander um. Wenn jemand das Gebäude verlässt, dann wird einem die Tür aufgehalten und man hält sie selbst auch anderen auf. Das kenne ich vom Gymnasium nicht. Alle stürmen raus, man schaut nicht nach links und nicht nach rechts. Da geht es einfach nur nach vorn. Das liegt natürlich auch an der Größe, klar, aber insgesamt ist der Umgang einfach ein anderer.

Ich hätte die Schule nicht gewechselt, wenn man hier Abitur machen könnte. Das wäre mein Wunsch für die Zukunft, dass auch noch die Oberstufe dazukommt. Dann könnte ich mir eines Tages sogar vorstellen, mein Kind, falls ich eines hätte, hierher zu schicken. Aber den Übergang, wie ich ihn erlebt habe, würde ich ihm nicht zumuten. Dann lieber gleich von Anfang an woanders hin.

Marie-Christin Hassler (* 2000) war zwischen 2006 und 2010 auf der Montessori-Schule.

dung. Beim Formulieren der Worte vor einer Gruppe überkommen mich oft unkontrollierbare Gefühle. Die Begrüßungsrede, die Worte, die ich nun an die Eltern richten musste, erschienen mir annähernd unaussprechlich. Mein Angstpegel muss enorm hoch gewesen sein, denn ich kann mich nur noch bruchstückhaft an diesen Abend erinnern.

Ich weiß noch, wie ich zu Fuß, durch den Schnee, zum Veranstaltungsort gestapft bin. Ich kann mich erinnern, wie mir Joachim, mein Mann, zur Seite stand und immer wieder signalisierte, dass ich das schaffe. Ich spüre noch, dass mir Menschen – wie unser Rechtsbeistand, der Moderator oder mir sehr vertraute Lernbegleiterinnen und Eltern – Sicher-

heit gaben. Ich weiß auch noch, wie mir die Stimme wegbrach, als ich die Eltern darüber informierte, dass das pädagogische Team auf das Weihnachtsgeld verzichten müsse. An vieles erinnere ich mich jedoch nicht mehr. Wer war an diesem Abend anwesend? Welche Fragen stellten die Eltern? Wie lange hat die Veranstaltung gedauert? Wie und wann bin ich nach Hause gekommen? Was habe ich zu Hause gemacht? Sicher hat jeder von uns Betroffenen seine individuelle, persönliche Erinnerung an diesen einschneidenden Abend in unserer gemeinsamen Geschichte.

Übergeordnetes Ziel der Veranstaltung war, dass die Eltern sich abgeholt fühlten und alle ihre Fragen stellen konnten. Wir verabschiedeten die Eltern mit dem Angebot, sich jederzeit an ihre Elternbeiräte, an die Lernbegleiter oder direkt an uns zu wenden und signalisierten, dass unsere Bürotür für jeden jederzeit offen stünde.

In den folgenden Tagen und Wochen machten viele Lernbegleiter und Eltern von diesem Angebot Gebrauch. Die Tür unseres Büros stand verständlicherweise kaum still. Lernbegleiter kamen, um ihre Gedanken und Gefühle mit uns zu teilen. Eltern kamen und suchten das Gespräch, teilten ihre Sorgen mit uns, kündigten uns ihre Unterstützung an und brachten uns unterzeichnete Bürgschaften. Andere teilten uns schweren Herzens mit, dass sie nicht mehr das nötige Vertrauen aufbringen könnten und überreichten uns ihre Kündigungsschreiben.

Glücklicherweise schenkten uns genügend Eltern weiterhin ihr Vertrauen und wir hatten ausreichend Bürgschaften zusammen, um das Darlehen zu erhöhen und um weitere fünf Jahre zu verlängern. Die Konsolidierungsmaßnahmen konnten nun um-

gesetzt werden und die Zukunft von Kinderhaus, Grundschule und Sekundarschule war gesichert.

Seit dieser Zeit bieten wir den Eltern einen jährlichen Gesamtelternabend an, auf dem wir über die aktuelle finanzielle Situation, die Tätigkeiten der Geschäftsführung und zukünftige Projekte und Planungen berichten. Die jetzigen Abende erscheinen den „alten" Eltern – im Gegensatz zu diesem legendären Abend im Februar 2012 – als regelrecht langweilig. Zum Glück!

Klippen umschifft, Sturm überstanden: Aufbruch zu neuen Horizonten

Drei Jahre liegt diese intensive Zeit unserer Entwicklungsgeschichte nun schon zurück und wir haben es geschafft. Getragen von der gesamten Gemeinschaft in Kinderhaus, Grundschule und Sekundarschule haben Susen und ich in den

zurückliegenden Jahren die Arbeit der Leitungen und des pädagogischen Teams begleitet. Alle haben mit angepackt und jede und jeder hat seinen individuellen und ganz persönlichen Beitrag zum Fortbestand und zur Weiterentwicklung geleistet. Wir haben unsere gesamte Energie und Konzentration auf die innere Stärkung gesetzt. Durch transparente Strukturen, offene Kommunikation und klare Zuständigkeiten haben wir dem pädagogischen Team, den Eltern und den Kindern Sicherheit geben. Das Interesse an Kinderhaus, Grundschule und Sekundarschule ist von Jahr zu Jahr gewachsen und die Anmeldezahlen steigen kontinuierlich an.

Der effektive Sparkurs und ein unentwegter Blick auf die Einnahmen und Ausgaben haben die finanzielle Situation der Schule gestärkt. Trotz der Lage, in der sich die Gesellschaft befand, konnte die pädagogische Arbeit ungehindert fortgeführt werden. Dass wir sogar den Aufbau der Sekundarschule

fortsetzen konnten, ist vor allen Dingen großzügigen Elternspenden und dem enormen Engagement des Fördervereins zu verdanken – engagierte Eltern haben ihn im August 2012 gegründet. Unser Förderverein hat sich passend zur damaligen Situation nach der Kunst des Navigierens, Ars Navigandi, benannt. „Aufbruch zu neuen Horizonten, Klippen umschiffen, Stürme überstehen und trotzdem das Ziel nicht aus den Augen verlieren. Wir unterstützen die Freie Montessori Schule Main-Kinzig GmbH, um all dies in der Kinder- und Jugendlichenbildung zu erreichen." (www.arsnavigandi.org)[11]

Kontinuierlich hat die Gesellschaft ihre Verbindlichkeiten zurückgezahlt und nun können wir die Weiterentwicklung planen, denn wir haben noch einiges vor: Die Erweiterung unserer Umgebung um ein „Nido" – ein Nest für kleine Kinder zwischen 1 und 3 Jahren – ist eines unserer Zukunftsprojekte. Gerne würden wir auch unsere

Kinderhausgruppe vergrößern. Die Sekundarschule soll sich zu einem Ort weiterentwickeln, an dem akademische Studien und echte Arbeiten gleichermaßen stattfinden können. Dazu suchen wir nach einem geeigneten Standort, der den Bedürfnissen der Jugendlichen optimal angepasst ist. Mit Lars Prignitz haben wir einen leidenschaftlichen Montessori-Lernbegleiter und Schulleiter[12] gefunden, der diesen Zukunftswunsch mit uns teilt. Unser gemeinsames Vorbild ist die schwedische „Montessoriskolan Lära för livet"[13], die, 20 Minuten von Göteborg entfernt, jungen Erwachsenen zwischen 12 und 16 Jahren eine großartige „Farm-School" zur Verfügung stellt.

Wenn sich dann noch die staatliche Schulfinanzierung in Deutschland am schwedischen Finanzierungsmodell orientieren würde, wären alle unsere Schulträume in Erfüllung gegangen. Dann hätten alle Eltern die freie Wahl, ob sie ihr Kind einer staatlichen oder einer privaten Schule anvertrauen. In Schweden gibt es eine freie Schulwahl und der Staat zahlt beides über Bildungsgutscheine. Unserem Ziel, einen Ort zu schaffen, an dem sich alle wohlfühlen, an den sie gerne kommen, sind wir ein Stück nähergekommen. So sind zumindest die Rückmeldungen, die wir von den Menschen in unserem Haus erhalten.

Der Erste: ein ganz besonderer Jahrgang

Neben den Lernbegleiterinnen und Lernbegleitern gibt es Eltern, Schülerinnen und Schüler, die mit uns durch all diese dynamischen Aufbaujahre – durch dick und dünn – gegangen sind. Kinder und Eltern des ersten Jahrgangs 2006/2007 haben die Diskussionen im Rahmen der Schulhofgestaltung, die Aufregung aufgrund der Jahrgangsmischung 6–12, immerwährende Debatten um das Thema „Schulessen", den schwierigen Start der Sekundarschule, den Wechsel der Geschäftsführung oder die wirtschaftliche Krise hautnah miterlebt. Gemeinsam haben wir uns entwickelt und sind zusammen gewachsen.

Eltern und Schüler dieses ersten Jahrgangs waren immer die Ersten. Sie konnten nicht auf die Erfahrung anderer zurückgreifen, konnten sich nicht an Älteren, Größeren orientieren. Als die Eltern 2006 den Schulvertrag unterzeichnet hatten, gab es noch nicht einmal ein Gebäude, geschweige denn eine Lerngruppe, in der sie hospitieren konnten. In unserer Region waren sie die Ersten, die ihren Familien, Freunden und Bekannten erklärten, was das ist – eine Montessori-Schule. Sie wurden nach dem Unterschied zu Waldorfschulen gefragt und immer wieder damit konfrontiert, ob die Kinder an dieser Schule denn auch etwas lernen würden. Die Kinder trafen auf Unverständnis und Neid, dass sie keine Noten bekamen und keine Hausaufgaben zu erledigen

hatten oder keine Klassenarbeiten schreiben mussten.

Jede und jeder Einzelne hat ihren und seinen eigenen, individuellen Weg gefunden, mit dem Blick von außen auf sich und auf ihre Schule umzugehen. Getragen wurden sie von ihrem Gefühl, an einem guten Ort zu sein, sich in der sozialen Gemeinschaft wohlzufühlen, immer einen Ansprechpartner für ihre Ängste, Sorgen und Wünsche zu haben.

Im Schuljahr 2014/2015 waren die älteren Schüler des ersten Jahrgangs[14] die Ersten, die sich den staatlichen Haupt- und Realschulabschlussprüfungen stellten. Von ihren Lehrern begleitet, absolvierten sie diese mit Leichtigkeit und Bravour.

Ihre Verabschiedung von unserer Schule und Entlassung in die neue Schul- oder Ausbildungswelt war ein tränenreiches, aber auch ausgelassenes und vor allen Dingen rauschendes Fest. Feierliche Grußworte von Sabine Katzmann und Lukas Krüerke, emotionale Reden von Michael Elias und beeindruckende Worte von jedem einzelnen Abschlussschüler bewegten und rührten alle Gäste. Zum Glück hatten wir ausreichend Taschentücher bereitgelegt. Zum Abschluss tanzten Schüler, Eltern und Lernbegleiter zu den Rhythmen der Band „The Hound Dogs" – sodass die Lokalpresse „Auf Wiedersehen im Rockabilly-Stil" titelte.

Im Sommer 2016 werden die letzten Schülerinnen und Schüler des ersten Jahrgangs ihre Abschlussprüfungen ablegen und wir werden sie aus der Schule verabschieden. Für Susen und für mich wird das ein sehr besonderer Moment werden, denn dann verabschieden wir auch unsere Söhne Joshua und Janick, die ihre gesamten ersten zehn Jahre Schulzeit auf unserer Montessori-Schule verbracht haben.

Ehepaar Zaremba
„Auch der Übergang ist gut zu meistern"

Den Ausschlag gaben eigene Erfahrungen – eine eher negativ, die andere sehr positiv: Das Ehepaar Zaremba Mora hat zwei Mädchen im Alter von zehn und zwölf Jahren auf der Montessori-Schule. Die Entscheidung dafür fiel früh, noch im Kinderhausalter, weil der Vater seine Schulzeit überhaupt nicht, die Mutter ihre dagegen sehr schätzte. Er absolvierte das herkömmliche Programm aus Grundschule, Gymnasium und Abitur. „Das meiste, was wir dort durchgenommen haben, hat mich überhaupt nicht interessiert", erinnert sich der Vater schaudernd zurück. „Das waren viele verschenkte Jahre, viele verpasste Chancen." Man habe für die Klausuren irgendwas auswendig gelernt, nur für eine Note, und dann recht schnell wieder vergessen. „Aus heutiger Sicht war der Großteil davon für gar nichts gut." Ganz anders seine Frau Mireia Mora, gebürtige Spanierin. Sie ging auf eine Schule, die nach ähnlichen Prinzipien arbeitete wie Montessori und die Eltern nach den harten Zeiten der spanischen Diktatur dort mit viel Engagement selbst gegründet hatten. „Das Konzept war ein bisschen anders, aber es war wie Montessori." Diese Schule besuchte sie, genau wie ihre drei Geschwister, bis zur achten Klasse – „ohne Noten, ohne Prüfungen, ohne Stress". Sie erinnert sich mit Freude daran und wollte ihren beiden Mädchen eine ähnlich schöne Schulzeit ermöglichen. „Hier können sich die Kinder auf sich selbst konzentrieren, ihre individuellen Stärken ausprägen." Deshalb ist dem Paar – anders als einigen anderen Eltern auf der Montessori-Schule – auch überhaupt nicht bange vor dem Übergang nach der Sekundarstufe. „Ich habe das durchlebt. Unsere Schule endete nach der achten Klasse. Danach bin ich auf ein Gymnasium gegangen und habe Abitur gemacht." Das sei alles völlig problemlos abgelaufen. „Wenn

mir jemand erzählt, das ist so hart später ... ich weiß, dass das nicht stimmt." Im Gegenteil, sie glaubt sogar, dass die Kinder besser für das Leben da draußen, was immer es auch bringen möge, vorbereitet sind als andere. Darin ist sie sich auch völlig einig mit ihrem Mann, obwohl er Montessori nicht aus eigener Anschauung kennt. „Die Kinder kommen als starke Persönlichkeiten aus der Schule und sind deshalb für die Widrigkeiten des Lebens besonders gut gerüstet", urteilen Frau Mora und Herr Zaremba gleichermaßen.

Für die beiden ist es deshalb keine Frage, ihre Mädchen bis zum Ende der Sekundarstufe hierzubehalten. „Ich sehe doch, was die Kinder in jungen Jahren leisten, wie sie sich entfalten können", sagt der Vater. „Spezialisiertes Wissen kann man sich bei Interesse immer irgendwie aneignen, uns geht es neben der individuellen Schulbildung auch zu einem Großteil um die Entwicklung der sozialen Persönlichkeit", ergänzt die Mutter. Merkwürdig finden sie beide auch das Urteil, diese Schule sei etwas für lernschwache Kinder. „Das stimmt überhaupt nicht. Sie ist etwas für Kinder, deren Eltern ihnen die Einheitsmühle der normalen Schule ersparen wollen." Im Grunde sei Montessori für alle geeignet. Und wenn Kinder hier nicht zurechtkämen, liege es häufiger an den Eltern als an den Schülern: Sie seien zu ungeduldig, lauerten unruhig auf konventionelle Lernergebnisse, statt ihren Töchtern und Söhnen die nötige Zeit zu geben. „Das ist schade, denn damit beschneiden sie die Möglichkeiten ihrer Kinder."

Zweifel an der Schule hatten die zwei nie. „Sie ist noch nicht perfekt, aber ganz nahe dran". Umso bekümmerter verfolgten sie die Krise damals im Jahr 2011, in deren Zuge es schließlich auch Veränderungen in der Geschäftsführung gab. Aber seither habe sich die Lage erheblich gebessert, die Schule sei konsolidiert und weiter gewachsen. Und wenn es nach den beiden ginge, dürfte sie auch noch weiter wachsen. „Noch sind unsere Kinder nicht in der Se-

kundarstufe, aber es würde uns gefallen, wenn die etwas größer wäre", meint er. Und seine Frau setzt sogar noch einen oben drauf: „Vielleicht trauen sich die Schulträger ja eines Tages, bis zum Abi zu erweitern. Das wäre schön." Vor einigen Jahren hätte schließlich auch niemand geglaubt, dass es mal eine Sekundarstufe geben würde. „Bestimmt werden die nächsten Jahre noch einige positive Veränderungen mit sich bringen", sagen die beiden hoffnungsvoll. Wie auch immer die Schule dann genau aussehen wird, die beiden wissen auf jeden Fall schon heute, dass sie ihre Töchter bis zum letztmöglichen Tag dort halten wollen. Und wenn die Kinder eines Tages nicht mehr mögen? „Das glauben wir zwar nicht", sagen sie gewohnt einträchtig. „Wäre aber auch in Ordnung. Denn der Grundstein ist gelegt."

Mireia Mora (* 1976) und Jens Zaremba (* 1966) sind beide selbstständige Unternehmer, ihre beiden Kinder sind seit dem Kinderhaus in der Montessori-Einrichtung.

Lena Krüerke
„Am liebsten würde ich bis zum Abitur bleiben"

„Meine Zeit hier geht zu Ende. Das ist schade. Ich bin jetzt in der zehnten Klasse und werde die Schule bald verlassen. Mein Ziel ist jetzt erst einmal, das Abitur zu machen, danach vielleicht Medizin zu studieren oder was mit Wirtschaft. Weiß ich noch nicht genau, weil mich so vieles interessiert. Ich werde als nächstes auf das Berufliche Gymnasium in Gelnhausen gehen. Das wird schon eine Umstellung, weil dort alles größer und unpersönlicher ist.

Ein bisschen Bammel habe ich davor natürlich, aber insgesamt, denke ich, sind wir auf diesen Wechsel gut vorbereitet.

Mir hat es unheimlich gut gefallen hier auf der Montessori-Schule, habe mich immer total wohlgefühlt. Alles war vertraut, freundschaftlich und herzlich, sowohl zwischen den Schülern als auch zwischen Schülern und Lehrern. Einfach eine gute Atmosphäre. Ich habe die Jahre hier jedenfalls sehr genossen. Aber ich kenne auch nichts anderes; war von Anfang an hier, wie meine ältere Schwester, die allerdings vorher noch kurze Zeit auf eine Regelschule ging.

Besonders schön fand ich das selbstständige Arbeiten, einfach so weit gehen zu können, wie man kann und mag. Das war toll. Manchmal hatten wir drei Monate für unsere Hausarbeiten, die dann schon auch mal dreißig Seiten lang waren. Und das Coffeehouse war natürlich auch ein absoluter Höhepunkt. So ein ganzes Theaterstück selbst zu organisieren, das Drehbuch zu schreiben, das Bühnenbild zu ent-

werfen, die Kostüme rauszusuchen, zum Teil auch selber zu nähen, bis hin zur Organisation des eigentlichen Abends – das war schon was ganz Großes. Das hat mir unheimlich viel Spaß gemacht, ich habe auch mehrmals die Leitung übernommen. Seither weiß ich, wie viel Arbeit in so einem Projekt steckt. Bei Fehlern anderer bin ich etwas großzügiger, weil ich gelernt habe, wie viel selbst bei großem Engagement schiefgehen kann.

Das Einzige, was ich hier vermisst habe, waren längere Schüleraustausche und die Möglichkeit, AGs zu besuchen. Das fehlte mir manchmal, aber ansonsten würde ich jedem eine so schöne Schulzeit gönnen, wie ich sie hier hatte. Am liebsten würde ich bis zum Abitur hier bleiben. Das wäre total cool. Geht halt leider nicht. Jedenfalls im Moment nicht. Vielleicht ändert sich das eines Tages ja noch – fände ich gut."

Lena Krüerke (* 2000) war zwischen 2006 und 2015 auf der Montessori-Schule.

Die Verweise

1 „Schule machen. Das pädagogische Konzept der Offenen Schule Waldau/Kassel" Ingrid Ahlring und Bärbel Brömer. Aus der Praxisreihe „Schule direkt". Band 11, Schneider Verlag Hohengehren: 1999

2 „Treibhäuser der Zukunft. Wie in Deutschland Schulen gelingen" Film von Reinhard Kahl, BETA/VHS/DVD 115 Minuten, Produktion: ARCHIV DER ZUKUNFT 2004

3 Dass die junge Studentin aufgrund ihres Geschlechts nur nachts, wenn kein männlicher Student mehr im Anatomischen Institut anwesend war, ihre Studien am Menschen durchführen konnte, ist nur ein Beispiel für die besondere Situation, die Maria Montessori als Studentin im Fachbereich Medizin durchlebte. Nachzulesen in der interessanten und anschaulich geschriebenen Biographe von Rita Kramer.
Rita Kramer: „Maria Montessori. Leben und Werk einer großen Frau", Fischer Taschenbuch Verlag GmbH, April 1995

4 „Leitfaden Privatschule", Hessisches Kultusministerium, Peter Jurewicz, Luisenplatz 10, 65185 Wiesbaden
Download: https://kultusministerium.hessen.de/schule/schulformen/schulen-freier-traegerschaft

5 Lernbegleiter heißen alle Lehrerinnen, Lehrer und alle Erwachsenen, die die Kinder auf ihrem Weg begleiten.

6 Dr. Maria Montessori entwickelte Materialien, die die Entwicklung der Kinder unterstützen und ihre Vorstellungskraft nähren. In der Grundschule sind dies Materialien, die abstrakte Vorgänge konkretisieren und damit zusätzlich eine visuelle und taktile Wahrnehmungserfahrung ermöglichen. Beispielsweise konkretisiert das sogenannte Schachbrett die Rechenoperation der mehrstelligen Multiplikation. Montessori-Materialien sind allerdings keine didaktischen Materialien, sondern Entwicklungsunterstützung für die kindliche Vorstellungskraft.

7 „Vorbereitete Umgebung" ist der Montessori-Fachbegriff für die Lernumgebung der Kinder.

8 Miriam Meisner hat den Aufbau der 6–12-Jahre-Klasse in unserer Schule in einem empfehlenswerten Artikel beschrieben:
„Toll, dass du das schon kannst. Vom Aufbau einer Montessori-Klasse für 6- bis 12-Jährige – Ein Erfahrungsbericht",
veröffentlicht in der Zeitschrift „Das Kind". Zeitschrift für Montessori-Pädagogik der Deutschen Montessori Gesellschaft e.V., Heft 50, 2/2011 (S. 128–151). Aus diesem Aufsatz sind Sabines Beispiele und die damaligen Elternfragen entnommen.

9 Dr. Maria Montessori bezeichnete die Umgebung für junge Erwachsene explizit nicht als „Schule". Aus diesem Grund ist die Bezeichnung, die in der „Montessori Orientation to Adolescent Studies" für pädagogische Konzepte für die Entwicklungsphase vom 12. bis zum 18. Lebensjahr gewählt wird, „Adoleszenten-Programme".

10 David Kahn ist internationaler Berater für Montessori-Adoleszenten-Programme. Sein AMI-Montessori-Diplom hat er in Bergamo, Italien absolviert. Seit über 30 Jahren ist er Geschäftsführer der NAMTA (Northamerican Montessori Teachers Association). Zuvor hat er 17 Jahre als Montessori-Pädagoge gearbeitet und war 12 Jahre lang Direktor der Ruffing Montessori School in Cleveland, Ohio. David Kahn war federführend bei der Gründung der ersten Erdkinder-Schule mit Internat, der Hershey Montessori Farm School in Ohio, einer international beachteten Montessori-Modellschule für Jugendliche, die den Erdkinder-Plan in vollem Umfang umsetzt. Im Jahre 2008 hat er die Montessori High School am Universitätscampus in Cleveland ins Leben gerufen und berät weltweit Schulen bei der Umsetzung von Sekundar- und Oberstufenprojekten.
Quelle: http://erdkinder-schule.tsn.at/content/tr%C3%A4gerverein (25.8.2015)

11 Förderverein Montessori Main-Kinzig e.V.: http://www.arsnavigandi.org, info@arsnavigandi.org

12 Lars Prignitz ist – als Elternzeitvertretung für Sabine Katzmann – seit dem Schuljahr 2014/2015 Schulleiter von Grund- und Sekundarschule. Professionell und souverän hat er Sabines Arbeit fortgesetzt und eigene Akzente gesetzt. Er verantwortete die ersten Abschlussprüfungen im Sommer 2015 und gab allen Beteiligten durch seine Ruhe und Erfahrung große Sicherheit.

13 Eine der Gründerinnen und Schulleiterin der schwedischen Montessori-Schule ist Jenny Marie Höglund. Sie ist AMI Elementary Trainerin (Ausbilderin für die 2. Entwicklungsstufe, 6–12 Jahre) und war meine Betreuerin in der „Orientation for Adolescent studies". Sie hat ein AMI Primary (3–6) und Elementary Diplome (6–12) und unterrichtet seit über 20 Jahren Grundschulkinder und junge Erwachsene. Seit 2006 hält sie Vorlesungen im Montessori-Ausbildungszentrum in Bergamo, Italien. Jenny ist für mich eine beeindruckende Montessori-Lernbegleiterin, von der ich sehr viel gelernt habe. Ihren Vorlesungen zuzuhören, ist wie ein wertvolles Geschenk.

14 Der erste Jahrgang des Schuljahres 2006/2007 bestand aus Schülerinnen und Schülern des 1. und 2. Schuljahres.

Impressum

1. Auflage Dezember 2015

Urheber
bildfolio
www.bildfolio.de
Alle Rechte vorbehalten

Gesamtkonzept/Herausgeberin
Ute Schmidt/bildfolio
Zweigstellenbüro Gelnhausen

Fotografien
Ute Schmidt

Texte
Nina Villwock (Geschichte)
Friederike Bauer (Portraits)

Postproduktion Fotografie
Gerda Günther

Layout
Markus Greb

Lektorat
Dorothee Köhler

Druck
NINO Druck GmbH
67435 Neustadt/Weinstraße
www.ninodruck.de

ISBN 978-3-00-051550-7

Dankeschön

An dieser Stelle möchte ich unbedingt ganz vielen Menschen danken.
Als Erstes ein Dankeschön an Nina Villwock: Sie hat mir vor zehn Jahren den
Zutritt in die Montessori-Schule ermöglicht. Und vor allem hat sie an mich und
meine Arbeit geglaubt. Und auch ein Dankeschön an Susen Schorn, die diese
Entscheidung mitgetragen hat.
Mein Dankeschön gilt all den Schülerinnen, Schülern, Lernbegleiterinnen und
-begleitern, die sich von mir fotografieren und nicht vom Unterricht ablenken
ließen.
Ganz herzlich danke ich Familie Brigitte und Prof. Dr. Martin Deichmann,
Herrn Dr. Lukas Krüerke und Familie Katharina und Uwe Hehl für die finanzielle Unterstützung meines Projektes.
Mein großer Dank geht auch an all diejenigen, die direkt an diesem Buch mit-
gearbeitet und nicht so viel Entgelt dafür bekommen haben, wie sie es norma-
lerweise verdient hätten: Friederike Bauer, die sicher sonst für andere Honorare
arbeitet; Dorothee Köhler, die alle Texte lektoriert hat; Gerda Günther, die für
die Druckvorbereitung der Fotos zuständig war; und Markus Greb, der das
Layout dieses Buches schuf.
Ohne sie alle wäre dieses Buch nicht entstanden!
Allen ganz herzlichen Dank!